中华优秀传统国学经典阅读

增广贤文

【明朝】周希陶　王俊 编校

中国商业出版社

图书在版编目（CIP）数据

增广贤文/王俊编校.--北京：中国商业出版社，2019.1

ISBN 978-7-5208-0582-7

Ⅰ.①增… Ⅱ.①王… Ⅲ.①古汉语－启蒙读物 Ⅳ.① H194.1

中国版本图书馆 CIP 数据核字（2018）第 213441 号

责任编辑：常 松

中国商业出版社出版发行
010-63180647　www.c-cbook.com
（100053 北京广安门内报国寺 1 号）
新华书店经销
三河市同力彩印有限公司印刷

*

710 毫米 × 1000 毫米　16 开　13 印张　170 千字
2019 年 1 月第 1 版　2019 年 1 月第 1 次印刷
定价：39.00 元

* * * *

（如有印装质量问题可更换）

前 言

泱泱中华五千载，悠悠国学民族魂。中华国学"为天地立心，为生民立命，为往圣继绝学，为万世开太平"，是中华民族几千年来生生不息的根本，是华夏儿女的文化基因和精神支柱。

中华传统文化经过千百年历史冲刷洗礼和不断交流、融合以及沉淀，最终形成了求同存异、兼收并蓄、辉煌灿烂的特点，它也是世界上唯一绵延不绝而从没中断的古老文化，并始终充满了生机与活力。

国学就是中国之学，中华之学，是以母语汉语为基础，表达中华民族的精神价值和处世态度的，有利于凝聚中华民族的文化向心力，有利于中华民族大团结，是华夏儿女的生命火炬，我们要永远世代相传和不断发扬光大。

中华优秀传统文化在思想上有大智，在科学上有大真，在伦理上有大善，在艺术上有大美。在中华民族艰难而辉煌的发展历程中，优秀传统文化薪火相传、历久弥新，始终为国人提供精神支撑和心灵慰藉。所以，更多地从传统优秀国学经典中汲取丰富营养，不只能充实灵魂，而是能够拥有一种神圣而崇高的家国情怀。

中华传统国学是指以儒学为主体的中华传统文化与学术，内容非常广泛，内涵十分丰富，如蒙学十三经、四书五经等，作为国学中经典之经典，铸就了"国学蒙学之最、中华不可或缺之魂"，凝聚了我国五千年的文明史和传统文化，体现了中华民族博大精深的文化精髓，是经过多少代人实践检验过的文化瑰宝，承载着中华民族伟大复兴的梦想。

中华传统国学中具有极高价值的经典与文章不胜枚举，且不说春秋战国时期的经传宝典，也不说《史记》《资治通鉴》，仅就唐诗宋词元曲就有许多脍炙人口的佳作，今天我们作为中华儿女对这些精品岂可淡化或视而不见？

中华传统国学经典，蕴含了中华儿女内圣外王的个体修养和自强不息的群体精神，形成了重义轻利的处世态度以及孝亲敬长的人伦约定，包含着辩证理智的心智思维和天人合一的整体观念。

这些国学经典千百年来作为我国传统文化与教育经典，在内容方面包含有治国、修身、道德、伦理、哲学、艺术、智慧、天文、地理、历史等丰富知识；在艺术方面丰富多彩，各有特色，行文流畅，气势磅礴，辞藻华丽，前后连贯。古往今来，无数有识之士从中汲取知识，不仅培养了良好的道德品质，还提升了儒雅、淳静、睿智的气质。

国学经典是广大读者必备的精神食粮。读者们阅读国学经典，能够秉承国学仁义精神，养成谦和待人、谨慎待己、勤学好问等优良品行，达到内外兼修与培养刚健人格的学习目的。读者们阅读国学经典，就如同师从贤哲，使自己能够站在先辈们的肩膀之上，在高起点上开始人生道路。阅读圣贤之书，与圣贤为伍，是精神获得高尚和超越的最高境界。

如今社会处于转型时期，充斥着各种各样所谓的现代文化，良莠不齐，纷繁芜杂，作为读者，应该慎重地从文化杂烩中精挑细选最好的、最纯的、最精的文化知识进行学习，以便促进身心的健康，那么国学经典就是最佳的选择。

当然，我们必须注意：传承古代经典，不是单纯背诵一些诗词，而是传承古老中华文明；不是只知其文不解其义，而是传承经典文化中的精神；不是对所有传统的东西都加以吸收，而是采取"扬弃"态度，取其精华去其糟粕；也不是排斥其他国家和民族的先进文化，要互相理解和尊重，要有兼容并包的情怀和清醒的头脑，做到互相学习和互相促进；更不是躺在灿烂传统文化的光环下固步自封，要积极开创未来的、先进的和科学的民族文化，要创造新的文化辉煌。

国学经典并非陈旧过时的东西,它能够适应任何时代的需要,且不同的时代都可以进行新的解读,都有时代的新意。广大读者要古为今用,活学活用,在新的时代推陈出新,进行新的解读,赋予新的内涵,不断发扬新的精神。

我们欣喜地看到,在党和政府的积极号召下,教育部印发了《完善中华优秀传统文化教育指导纲要》,各级教育机构启用了《中华优秀传统文化》教材,中小学语文新课标中也增加了青少年学生阅读和学习国学的分量,许多中小学开设了专门的国学课程,全国各族人民掀起了学习和传承中国传统文化的热潮。

为此,在有关专家指导下,我们特别精选编辑了这套"中华传统国学阅读经典"作品,根据广大读者特别是青少年读者学习吸收的特点,采取了版块化的篇章结构。文前部分主要包括作者简介、写作背景、作品概况、思想内容和艺术特点等内容,正文部分主要包括原文、注释、解读、感悟、赏析、故事等内容,文后部分主要包括名言妙语、读后感、知识互动大会等内容。同时还配有精美的插图,图文并茂,生动形象,非常易于阅读、理解和欣赏,能够培养广大读者的国学阅读兴趣,从而增强大家对中华优秀传统文化的热爱、传承和发展,最终积极投身到中华复兴的伟大梦想之中。

根据"部编教材"和广大读者特别是青少年读者学习吸收特点,采取版块化篇章结构,设置丰富专题栏目,解构阅读知识要点,无障碍直通阅读核心,重点感受丰富知识和独特艺术,领会和发扬深刻国学精神!

导 读

作者简介
简单介绍作者生卒、生平事迹、代表作品和历史影响等。

题解+背景
简单阐述书名来历、作者社会背景、创作动机、创作过程等。

作品概况
简单介绍作品结构形态、流传过程和历史价值等。

思想内容
简单分析作品思想内涵、社会价值和启迪作用等。

艺术特点
简单解析语言表达、篇章结构、人物形象等丰富艺术特色。

原 文
参考众多权威版本,忠实于原著原文呈现。

注 音
对多音字以及破音、通假、古音、外族语言等异读字词进行注音。

注 释
介绍和评议生僻难懂语汇、内容、背景、引文等。

昔时贤文,诲汝谆谆

昔① 时贤文②,诲③ 汝谆谆。集韵④ 增广⑤,多见多闻。观今宜鉴⑥ 古,无古不成今。

知⑦ 己知彼⑧,将心比心。酒逢知己饮,诗向会⑨ 人吟⑩。相识满天下,知心⑪ 能几人。相逢⑫ 好似初相识,到老终 无怨恨心。

近水知鱼性,近山识鸟音。易涨易退山溪水,易反易复 小人 心。运 去 金 成 铁,时来铁似金。读书须用意,一字值千金。

注释
①昔:从前。②贤文:能规范人道德行为的好文章。
③诲:教导。④韵(yùn):韵文,如诗、词、赋、曲等。
⑤增广:增智慧,广风闻,这里指《增广贤文》这本书。
⑥鉴:借鉴。⑦知:了解,熟悉。⑧彼:对方,别人。
⑨会:懂得,理解。⑩吟:吟咏。

......

精美配图
根据内容配图,图文并茂,让知识变得生动形象,让阅读变得丰富有趣。

解读

过去的名言，多能起到教诲告诫人们的作用，《增广贤文》概括了古今多方面的内容，是一本能够启迪人们心智的良好蒙学读本。没有古代的历史，就没有今天的发展。因此，我们应该借鉴古代的历史来指导今天的行动。这样，我们才会少走弯路，取得更大的成就。

要想既了解自己，也了解别人，就要设身处地为别人着想，体会别人的感受。有酒要与了解自己的人一起去喝才有意思，写诗要向懂得诗的内涵的人去吟，才会有所提高。

一个人生存在社会上，能够认识很多的人，但是，可彼此交心的却没有几个。人和人之间交往，应该一直像初次见面时那样相互尊重，才会保持一定的友谊，这样相交，到老也不会产生怨恨之心。

……

解读
对原文进行译解，使之通俗易读，浅显易懂。

故事链接

秦王政扫灭六国后，改国号为秦，定国都于咸阳。他自以为德兼三皇，功过五帝，便自称"始皇帝"，后来人们就称他为秦始皇。

……

故事链接
对篇章或段落进行故事配套链接，更益于理解原文。

完美大结局

名言妙语
推介作者、作品的名言格言和妙言妙语，让读者加深印象、获得美感或启迪等。

读后感
从中、小学生认识角度，剖析阅读作品后的所思所感、所作所为等，达到有所收获和感悟等。

知识互动大会
通过阅读作品和做"填空题""选择题"和"问答题"等题型的互动，达到读与学相互促进，增强阅读兴趣，提高阅读学习质量。

作者简介

周希陶,清代同治年间人,生卒年不详,早期《增广贤文》的序中,说他是一位很有学养的老学究,是个有名的儒生和塾师,他常常自己动手为学生编撰教材和读物,还热衷于搜集整理民间俗语,并编撰手抄成册在民间流传。

《增广贤文》本是古代的儿童启蒙读物,流传甚广,版本很多。特别是在民间流传中,广大老百姓也加入了许多民间的方言俗语,导致版本混乱,杂乱无章,方言土语,含糊不清,严重影响了《增广贤文》启蒙教学的作用和广泛传播。

周希陶作为私塾老师,看到流传的各种《增广贤文》版本都不能很好地为启蒙教学服务,特别是里面词句受方言土语的影响,很多都有语病。于是,他根据自己多年的启蒙教学经验,在参考各种版本的基础上,对《增广贤文》进行了编订。

他除了删除原作中的病句和深奥的句子外,还加了一些浅显明白、实际实用的词句,并调整了语句次序,使相近的内容相对集中,从而使全篇的逻辑性大大增强,更便于诵读,并手抄了若干册分发于私塾弟子阅读。

周希陶修订的《增广贤文》引起了很大的反响。有个法号叫作"云峰"的禅师看到了,认为新的《增广贤文》对广大老百姓的为人处事很有帮助,希望通过这部书扩充人内心的善性,于是通过化缘的方式募集了一些资金,将新的《增广贤文》印刷成册赠送于广大善男信女。于是,周希陶修订的《增广贤文》就在社会上广泛流传开来了。

题解+背景

所谓"贤文"就是指"贤者之文","贤者"意为贤明的人,高尚的人。"增广贤文"意为集思广益、集中总结、并不断增补修订的贤者之文,因此就具有十分广泛的普世价值,是指导广大老百姓为人处事的良师益友。

早期《增广贤文》版本的序言中说,人生经过大起大落、大悲大喜、大俗大雅之后,方能悟透许多事理;经历了许多事情的是是非非之后,才知道前人俗语言浅理深。当你准备以自己的经历、经验与教训教育下一代的时候,才发现言简意赅、朗朗上口的还是前人总结的各种俗语,他们都有个共同的名字叫"贤文"。

历代都有不知名或者不署名的学者参与总结通俗易懂的贤文,但真正编辑成书的,是在明代。经过明、清两代许多文人的不断增补,形成了许多不同版本的贤文集,其中比较有名望的,是清代同治年间儒生、塾师周希陶老先生编辑整理的《重订增广贤文》,又称《重订增广》。

历代贤文既是教儿童读书识字的教材,又是教育孩子明事理、做好人的启蒙读物,是中国古代童蒙必读内容。《增广贤文》实际上有一个不断传承和增补的过程。

作品对人性的认识是以儒家荀子"性恶论"思想为前提,以冷峻目光洞察社会人生:亲情被金钱污染,友情只是一句谎言,尊卑由金钱来决定,法律和正义为金钱所操纵,人性被利益扭曲,世故导致人心叵测,人言善恶难辨……把社会诸多方面的阴暗现象高度概括,冷冰冰地陈列在读者面前。因此,我们要在阅读时采取批判的态度,明察扬弃,批判继承,吸取其有营养的成分,使之古为今用。

作品概况

《增广贤文》又名《昔时贤文》《古今贤文》,书名最早见之于明代万历年间的戏曲《牡丹亭》,据此可推知此书最迟写成于万历年间。其中绝大多数句子都来自经史子集、诗词曲赋、戏剧小说以及文人杂记等,其思想观念都直接或间接地来自儒释道各家经典,从广义上来说,它是雅俗共赏的"经书"的普及本。

《增广贤文》作品篇幅不长,通行本只有3800字左右,是以有韵的谚语和文献佳句选编而成,其内容十分广泛,从礼仪道德、典章制度到风物典故、天文地理,几乎无所不含,而又语句通顺、易懂,但中心是讲人生哲学和处世之道。

作品其中一些谚语、俗语反映了中华民族千百年来形成的勤劳朴实、吃苦耐劳的优良传统,是宝贵的精神财富,如"一年之计在于春,一日之计在于晨"。作品中许多关于社会、人生方面的内容,经过人世沧桑的千锤百炼,成为警世喻人的格言,如"良药苦口利于病,忠言逆耳利于行""善有善报,恶有恶报""乐不可极,乐极生悲"等。

还有一些谚语、俗语总结了千百年来人们同自然打交道的经验,成为简明生动哲理式的科学知识,如"近水知鱼性,近山识鸟音""近水楼台先得月,向阳花木早逢春"等。

作品虽然以道家思想为主,但对儒家说教并不排斥。文中强调了读书的重要、孝义的可贵,这些观点体现了正统的儒家精神思想,与全书所体现的道家思想有所区别。但也正是由于这种庞杂,不同思想的人都可以从中看到自己认可的格言,使之具有了广泛代表性。所以,人称"读了增广会说话,读了幼学走天下",可见其价值和影响力。

思想内容

　　《增广贤文》内容广博、包罗万象，可以称为中国古代版的百科全书，是简明生动哲理式的科学知识普及读物，认真读后，让人获益非浅。作品内容大致有以下几个方面：

　　一是谈人及人际关系。在人际关系方面，作品认为人是虚伪的，人们常常为了一己之私而变化无常，嫌贫爱富，趋炎附势，从而使世界充满了陷阱和危机，需要我们时间提高警惕，处处注意防范。

　　二是谈命运及对待命运。关于命运，强调命运和因果报应，认为人的一切都是命运安排的，人应行善，才会有好的际遇，倡导行善做好事。想想也是，只有当人们做了好事、善事之后，才能心安理得，即使偶尔夜半遇到有人敲门也不会心惊肉跳。

　　三是谈如何处世的问题。在处世方面，有大量篇幅叙述如何待人接物，提倡宽容和忍让，认为忍让是消除烦恼和祸患的主要方法。在主张自我保护、谨慎忍让的同时，也强调人的主观能动性，认为这是做事的原则，文中也不乏劝人向善，认为"害人之心不可有，防人之心不可无"。

　　四是表达对读书的看法。关于读书，强调应该趁青春年少多读书、读好书，读书贵在用心，读书贵在应用，处处留心，人人为师。

　　《增广贤文》不回避人性之恶，直接露骨地指出人性的局限，因此，作品中具有许多消极和不合时宜的东西，需要我们取其精华，去其糟粕。

艺术特点

《增广贤文》集结中国从古到今的各种格言、谚语，经过了人世沧桑的千锤百炼，成为了警世喻人的格言。作品有韵有辙，朗朗上口，简单、易读、易懂、易记、易行。

全书以韵文形式，将格言排列在一起，三言、四言、五言、六言、七言交错而出，言简意赅，生动活泼，形式多样，灵活多变，读起来抑扬顿挫，富有韵律，朗朗上口，突破了传统蒙学读物一种句式贯穿始终的格式，使语句更接近于口语，更易于为人们接受。

作品注重语言表达艺术，通俗直白。内容涉及三教九流，上到国家大计，下到百姓家居，无不品头论足。内容很多取材于民间谚语，或民间喜闻乐见的戏曲小说等，思维上没有桎梏，洞悉人性更加透彻和真实。读之会发现几千年来虽然社会不断在变，人性是不怎么变化的，任何时代的人能都从中吸取养料。

作品中许多内容出自文章典籍，是我国传统思想文化的组成部分，如"居安思危""一寸光阴一寸金""人无远虑，必有近忧"等，这些健康、积极的内容，特别是一些含有深刻哲理的格言和警句，作为中国古代启蒙读物，对普及文化知识，创造精神文明，治世育人，都曾起过不可低估的积极影响和作用。

作品虽然直接露骨地指出了人性的局限，但整体却不让人感到消极。特别是作品撕掉了道德大旗，从人性出发，对人进行训蒙，不断引导人向善从良，这就是作品的积极性。

目录

上集

昔时贤文，诲汝谆谆 …………………………………… 1

逢人且说三分话，未可全抛一片心 ………………… 5

相见易得好，久住难为人 …………………………… 8

黄金无假，阿魏无真 ………………………………… 11

古人不见今时月，今月曾经照古人 ………………… 14

宁可人负我，切莫我负人 …………………………… 17

若要断酒法，醒眼看醉人 …………………………… 20

有田不耕仓廪虚，有书不读子孙愚 ………………… 23

善化不足，恶化有余 ………………………………… 26

结交须胜己，似我不如无 …………………………… 29

动口不如亲为，求人不如求己 ……………………… 32

是非只为多开口，烦恼皆因强出头 ………………… 35

人贫不语，水平不流 ………………………………… 38

三十不豪，四十不富 ………………………………… 41

得宠思辱，居安思危 ………………………………… 44

龙生龙子，虎生虎儿 …………………… 46

息却雷霆之怒，罢却虎狼之威 …………… 49

莫饮卯时酒，昏昏醉到西 ………………… 52

杀人一万，自损三千 ……………………… 55

君子爱财，取之有道 ……………………… 57

不因渔父引，怎得见波涛 ………………… 60

羊有跪乳之恩，鸦有反哺之义 …………… 63

见者易，学者难 …………………………… 66

莫把真心空计较，儿孙自有儿孙福 ……… 69

灭却心头火，剔起佛前灯 ………………… 72

一人有庆，兆民咸赖 ……………………… 75

礼义生于富足，盗贼出于贫穷 …………… 78

有儿贫不久，无子富不长 ………………… 81

自家心里急，他人未知忙 ………………… 84

醉后乾坤大，壶中日月长 ………………… 87

万事不由人计较，一生都是命安排 ……… 90

国清才子贵，家富小儿娇 ………………… 93

学在一人之下，用在万人之上 …………… 96

一日春工十日粮，十日春工半年粮 ……… 99

人在家中坐，祸从天上落 …………… 102

下集

前人俗语，言浅理深 …………… 105

体无病为富贵，身平安莫怨贫 …………… 108

宁可荤口念佛，不可素口骂人 …………… 111

财可养生须注意，事不关己不劳心 …………… 114

一朝权在手，便把令来行 …………… 117

未富先富终不富，未贫先贫终不贫 …………… 120

自重者然后人重，人轻者便是自轻 …………… 123

但知江湖者，都是薄命人 …………… 126

治国信谗必杀忠臣，治家信谗必疏其亲 …………… 129

家无生活计，坐吃如山崩 …………… 132

人强不如货强，价高不如口便 …………… 135

布得春风有夏雨，哈得秋风大家凉 …………… 138

舌咬只为揉，齿落皆因眶 …………… 141

财交者密，财尽者疏 …………… 144

天生一人，地生一穴 …………… 146

当面论人惹恨最大，是与不是随他说吧 …………… 149

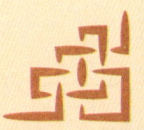

思虑之害甚于酒色，日日劳力上床呼疾 ……… 152

我不如人我无其福，人不如我我常知足 ……… 155

天晴打过落雨铺，少时享过老来福 ……………… 158

天下礼仪无穷，一人知识有限 …………………… 161

靠山吃山，种田吃田 ……………………………… 164

自己无运至，却怨世界难 ………………………… 167

节食以去病，少食以延年 ………………………… 170

银钱莫欺骗，牛马不好变 ………………………… 173

人无喜色休开店，事不遂心莫怨天 ……………… 176

东屋未补西屋破，前帐未还后又拖 ……………… 178

钱多不经用，儿多不耐死 ………………………… 181

上 集

昔时贤文，诲汝谆谆

昔①时贤文②，诲③汝谆谆。集韵④增广⑤，多见多闻。观今宜鉴⑥古，无古不成今。

知⑦己知彼⑧，将心比心。酒逢知己饮，诗向会⑨人吟⑩。相识满天下，知心⑪能几人。相逢⑫好似初相识，到老终⑬无怨恨心。

近水知鱼性，近山识鸟音。易涨易退山溪水，易反易复⑭小人⑮心。运⑯去金成铁，时来铁似金。读书须用意⑰，一字值千金⑱。

注释

❶昔：从前。❷贤文：能规范人道德行为的好文章。
❸诲：教导。❹韵（yùn）：韵文，如诗、词、赋、曲等。
❺增广：增智慧，广风闻。这里指《增广贤文》这本书。
❻鉴：借鉴。❼知：了解，熟悉。❽彼：对方，别人。
❾会：懂得，理解。❿吟：吟咏。
⓫知心：指相互深切了解、深交的人。⓬相逢：相互交往。
⓭终：始终。⓮复：翻过来，倒过来。⓯小人：品质不好的人。
⓰运：运气。⓱用意：用心。

| 增广贤文

❶ 一字值千金：史书记载，《吕氏春秋》完成后吕不韦曾在咸阳城门公开展示，有能增减一字的，赏千金。形容文章具有极高的价值。

解读

过去的名言，多能起到教诲告诫人们的作用，《增广贤文》概括了古今多方面的内容，是一本能够启迪人们心智的良好蒙学读本。没有古代的历史，就没有今天的发展。因此，我们应该借鉴古代的历史来指导今天的行动。这样，我们才会少走弯路，取得更大的成就。

要想既了解自己，也了解别人，就要设身处地地为别人着想，体会别人的感受。有酒要与了解自己的人一起去喝才有意思，写诗要向懂得诗的内涵的人去吟，才会有所提高。

一个人生存在社会上，能够认识很多的人，但是，可彼此交心的却没有几个。人和人之间交往，应该一直像初次见面时那样相互尊重，才会保持一定的友谊，这样相交，到老也不会产生怨恨之心。

离水近的人，一般能知道鱼的情况；住在山边的人，大都能分辨出各种鸟儿的声音。山溪里的水随着季节的变化，时涨时退；不明事理的小人随着时事的变化，反复无常。

运气不好时，金子可能变成废铁；运气到来时，废铁也可能变成黄金。读书需要下苦工夫，只有舍得下苦工夫读书的人，才能写出文辞精妙的文章，也只有这样的人，才会对社会有所贡献。

故事链接

秦王政扫灭六国后，改国号为秦，定国都于咸阳。他自以为德兼三皇，功过五帝，便自称"始皇帝"，后来人们就称他为秦始皇。

秦始皇统一中国后，如何管理天下？丞相王绾对秦始皇说："六国诸侯刚刚被灭不久，原先燕国、齐国、楚国离咱们京城都很远，如果不在那里分封王侯，恐怕那些地方很难控制。您不如把几个皇子分封到那去做王，协助陛下统治天下。"

廷尉李斯反对王绾分封建议，他说："陛下要想江山稳固，要善于借鉴历史，总结经验教训。当年周武王得到天下后，曾经大封子弟功臣为诸侯。后来诸侯之间关系越来越疏远，最终导致连年混战。如今陛下统一天下，可以在全国设置郡县。子弟功臣多多赏赐些赋税钱财，不要分封诸侯，这样才容易控制。"

秦始皇决定采纳李斯的意见，他说："以往天下苦战不休，都是因

为分封诸侯王的缘故。现在天下安定，再分封诸侯王，又将会种下战争祸根。我认为廷尉的建议是对的。"

于是，秦始皇把天下划分为36郡，郡以下设县，每郡都由中央政府直接任命三个官长去治理，即郡守、郡尉和郡监。郡守是一郡最高行政长官，统管一郡重大事务；郡尉是管理治安的，全郡的军队由他统领；郡监执行监察方面的事情。

地方上治理办法确定了，中央政府组织机构也逐渐定型。秦始皇规定中央朝廷里设置丞相、御史大夫、太尉、廷尉、治粟内史等重要官职，协助皇帝治理国家。

其中丞相设两个，左丞相和右丞相，都是皇帝的助手，帮助皇帝处理全国政务；御史大夫负责掌管重要文书监察；太尉主要掌管军队；廷尉掌管司法；治粟内史掌管租税收入和国家财政开支。所有这些官员都归皇帝任免和调动，从国库里领取薪俸，一概不得世袭。

秦始皇听从李斯的建议，借鉴周朝的历史教训，建立的这一套封建专制政治体制，对后世影响极大。后来各个封建王朝所实行的政治体制，大体上是在秦制基础上逐步演变的。

李斯提出的这一套治国方案，也是广泛搜集前朝的经验教训，通过对历史的深刻研究才形成的，它是借鉴古代兴衰经验，指导当时行动的具体成果。

逢人且说三分话，未可全抛一片心

逢人且①说三分话，未可②全抛一片心。有意栽花花不发，无心插柳柳成荫。画虎画皮难画骨，知人知面不知心。钱财如粪土，仁③义④值千金。

流水下滩非有意，白云出岫⑤本无心。当时若不登高望，谁信东流海洋深。路遥⑥知马力，日久见人心。两人一般心，无钱堪⑦买金，一人一般心，有钱难买针。

注释

① 且：暂且。② 未可：不可。③ 仁：良心，善心。
④ 义：诚实，守信，正义等道德。⑤ 岫：山洞。
⑥ 遥：远。⑦ 堪：可以。

解读

对人说话要留有一定的余地，不要只想着一吐为快，把心事全部都交给了别人，那样的人到了后来往往会吃亏。有很多时候，想办成的事情很难达到目的，不想办成的事却会毫不费力地办成了。

就像我们有时候栽花种草一样，当你专心专意地想把一种花栽培好时，它反而枯萎了；可当我们随随便便地在地上插上一根柳枝，它却会意外地长成一棵参天大树。了解一个人的外表比较容易，但要了解一个人的内心和思想却不是一件容易的事情。

这和画画的道理一样，我们去画一只老虎的外形常常很容易，但要让你把老虎的骨头也画下来，你就难以办到了。钱财虽然是人人都需要的东西，但却如粪土一样，是最没有价值的，真正价值千金的东西是仁义和道德。

水从山上流往滩下不是有意的，白云从山洞中穿过也是无心的。当初如果不去登高望远，后来怎么会知道东海的浩瀚。路途遥远才知道马的力气，相处长了才了解人心。两个人一条心，日子会越过越好；若是一人怀着一种心思，那么，日子就会越过越穷，而且事业也不可能获得成功。

故事链接

李林甫，小字哥奴，唐高祖李渊堂弟长平肃王李叔良曾孙。开元二十二年（734年）五月拜相，为礼部尚书。开元二十四年（736年）底迁中书令，大权独握。

此人若论才艺倒也不错，能书善画，但品德败坏。他嫉贤妒能，凡才能比他强、声望比他高的人，权势地位和他差不多的人他都不择手段地排斥打击。对唐玄宗，他有一套讨好卖乖的本领。

李林甫和人接触时，外貌上总是露出一副和蔼可亲的样子，嘴里尽说些动听的好话。但实际上，他的性格非常阴险狡猾，常常两面三刀，暗中害人。

有一次，李林甫装做诚恳的样子对同僚李适之说："华山出产大量黄金，如果能够开采出来，就可大大增加国家的财富。可惜皇上还不知道。"

李适之信以为真，连忙跑去建议玄宗快点开采。玄宗一听很高兴，立刻把李林甫找来商议，李林甫却说："这件事我早知道了。华山是帝王

'风水'集中的地方,怎么可以随便开采呢?别人劝您开采,恐怕是不怀好意。我几次想把这件事告诉您,只是不敢开口。"

玄宗被他这番话所打动,认为他真是一位忠君爱国的臣子,反而对李适之大不满意,逐渐对他疏远了。宋朝司马光评价李林甫"口有蜜,腹有剑",后演化为"口蜜腹剑"。

增广贤文

相见易得好，久住难为人

相见①易得好，久住难为人。马行无力皆因瘦，人不风流②只为③贫。饶人不是痴汉④，痴汉不会饶人。是⑤亲⑥不似亲，非亲却似亲。美不美，故乡水；亲不亲，故乡人。相逢不饮⑦空归去，洞口桃花也笑⑧人。莺花⑨犹怕春光老⑩，岂可⑪教人枉⑫度春⑬。红粉佳人⑭休⑮使老，风流浪子⑯莫教贫。在家不会迎宾客，出外方知少主人。

注释

①相见：指初次见面。②风流：行事风流潇洒。③为：因为。
④痴汉：呆傻无知的人。⑤是：本来，原本。⑥亲：亲人，亲属。
⑦饮：饮酒。⑧笑：笑话，嘲笑。
⑨莺花：莺，这里指鸟儿。莺花，莺鸣花开的意思。
⑩老：原意是衰老，这里指时光流逝。⑪岂可：怎能。
⑫枉：白白地。⑬春：这里指光阴。
⑭红粉佳人：美丽的女性。红粉是妇女化妆用的胭脂和白粉。
⑮休：不要。⑯风流浪子：有才华又不拘礼节的才子。

解读

人与人相处，短时期内接触容易处理好关系，但如果是长期住在一起，关系就难处了。马跑不起来都是因为身体太瘦、没有力气；人不能扬眉吐气则是因为没有钱，家庭贫困。

能够宽以待人的人是通晓事理的人，而不通晓事理的愚笨人是不懂得宽以待人的。本来是自己的亲人，没有把他当亲人看待，却把不是亲人的人当作自己的亲人看待。对故乡的东西倍感美好，故乡的水就是不甜也感觉十分香甜；对同乡的人倍感亲切，故乡来的人就是不熟也像是自己久别的亲人。好友相逢如果不请其喝酒就让他回去，就是门口那盛开的桃花也会笑话你的吝啬。

天上的鸟儿，地上的花儿尚且还怕时光流逝、春光老去，作为万物之灵的人类，我们怎么可以白白虚度大好光阴呢？漂亮的女人不要让她老，老了就会失去原有的风采；风流的浪子不要让他贫困，穷了就会有不雅的举动。在家不会接待外来的客人，出去后受到别人的冷落，才会感叹作为主人待客的重要性。

故事链接

刘君良，唐代深州饶阳人。他们家祖辈都讲究团结友爱，父慈子孝，兄弟团结和睦，到他这辈已经是四世同堂。他们同族兄弟们都住在一个大家庭里，吃一个厨房的饭，共同劳动，治理家业，一斗粮、一尺布都不私用，真可谓是孝悌礼让的大户人家。

隋大业末年，因年成不好，粮菜都歉收，刘君良的妻子不是个贤惠的人，这时她就造谣说天下要大乱，让大家分了家。分家一个月后，刘君良发觉是他妻子搞的诡计，便把妻子骂了一顿，将她赶回了娘家。

妻子走后，他又把众兄弟召集到一起，说明了原因，让大家又合到一起住。这时地方上很乱，乡里的人无法安居，于是都来依靠刘家。大伙在他家修筑起堡垒来，起名叫"义成堡"。大伙守在这堡垒里，渡过了难关。

增广贤文

　　唐武德年间,深州别驾杨宏业专程来刘家访问。他看到刘家有六个大院,共同吃一个厨房做的饭菜。看到刘家的子弟们都彬彬有礼,招待他酒饭,他感到很高兴,也很愉快。

　　唐贞观六年,朝廷特下诏书,表彰刘君良孝悌友邻、和睦家庭的高尚品德,号召大家向他学习。

黄金无假,阿魏无真

黄金无假,阿魏①无真。客来主不顾②,自是无良宾;良宾方不顾,应恐是痴人。贫③居闹市无人问,富④在深山有远亲。

谁人背后无人说,哪个人前不说人。有钱道真语,无钱语不真。不信但看筵中酒,杯杯先劝有钱人。

闹里⑤有钱,静处安身。来如风雨,去似微尘⑥。长江后浪推前浪,世上新人⑦赶旧人。近水楼台⑧先得月,向阳花木早逢⑨春。

注释

① 阿魏:一种独特的药材,多年生一次结果草本,属伞形科,分新疆阿魏和圆茎阿魏两种。

② 顾:照顾,招呼。③ 贫:穷人。④ 富:富人。

⑤ 闹里:喧闹繁华的地方。⑥ 微尘:微小的尘粒。

⑦ 新人:新的一代,下一代。

⑧ 近水楼台:靠近水边的楼台。这句话的意思是,靠近水边的楼台能够先得到月光的沐浴。⑨ 逢:迎接。

解读

黄金因为比一般金属贵重,所以要想造假不是那么容易;阿魏这种药材由于非常稀缺,因此,一般人很难看见真的。客人来了,主人若不去热情迎接、打招呼，慢待了客人，就不会有好朋友上门了；好朋友来了，主人不管不顾，不懂得招待，这种人若不是不懂人情世故，就是一个十足的傻瓜。人穷了，就是住在闹市也没人愿意理他；人富了，就是住得再偏远也会有人去登门拜访。穷人住在闹市也无人理睬，富人住在深山也会招来远房亲戚。

人生在世，什么人背后不被人说，又有谁在别人面前不去议论人呢？给钱就说真话，不给钱就不说真话。不信你到筵席上看看，哪杯酒不先敬有钱的人？

闹市是赚钱的地方，所以做生意的人都喜欢选择人多热闹的场所；静地是休养身体的去处，因此想养生的人均爱去人少僻静的山地。来时动静很大，就像急风暴雨一样；走时没有任何声响，犹如飘荡在空中的灰尘。长江后浪推动前浪前进，是河水前进的动力；世上新人替代旧人，是人类繁衍的自然规律。近水楼台由于临近河边，能够抢先得到月光的沐浴，向阳的花木因为能够得到阳光的照耀，才可以跨越冬天的樊篱，提前开放。

故事链接

孟尝君，原名田文，因封于薛，又称薛公，战国四公子之一，齐国宗室大臣。孟尝君在薛邑，招揽各诸侯国的宾客以及犯罪逃亡的人，很多人归附了孟尝君。

孟尝君宁肯舍弃家业也给他们丰厚的待遇，因此，天下的贤士无不倾心向往，纷纷归附孟尝君。他的食客达到了几千人，待遇不分贵贱，一律相同。

孟尝君每当接待宾客，与宾客坐着谈话时，总是在屏风后安排侍史，让他记录孟尝君与宾客的谈话内容，记载所问宾客亲戚的住处。宾客刚刚

离开,孟尝君就已派使者到宾客亲戚家里抚慰问候,献上礼物。

有一次,孟尝君招待宾客吃晚饭,有个人遮住了灯亮,那个宾客很恼火,认为饭食的质量肯定不相等,放下碗筷就要辞别而去。

孟尝君马上站起来,亲自端着自己的饭食与他的相比,那个宾客惭愧得无地自容,就以刎颈自杀表示谢罪。因此有很多人都情愿归附孟尝君。

孟尝君对于来到门下的宾客都热情接纳,不挑拣,无亲疏,一律给予十分优厚的待遇。这些宾客后来也为孟尝君成就自己的事业立下了汗马功劳,帮助孟尝君取得了成功。

增广贤文

古人不见今时月，今月曾经照古人

古人不见今时月，今月曾经照古人。先到为君①，后到为臣②。莫道君行早，更有早行人。莫信直中直③，须防④仁⑤不仁。

山中有直树，世上无直人⑥。自恨枝无叶，莫怨太阳偏⑦。

一年之计⑧在于春，一日之计在于晨。一家之计在于和⑨，一生之计在于勤。责⑩人之心责己，恕⑪己之心恕人。守口如瓶，防意如城⑫。

注释

❶君：原意是君主，这里是主宰、统治的意思。

❷臣：原意是指臣子，这里是指附属、次要的意思。

❸直中直：正直又正直。❹防：提防。

❺仁：指人与人之间相互亲爱。孔子把"仁"作为最高的道德原则、道德标准和道德境界。

❻直人：正直的人，没有私心的人。

❼偏：歪，不在中间。这句话的意思是不要抱怨太阳没有照着你。

❽计：打算。❾和：和谐、协调。古语有"家和万事兴"之说。

❿责：责备。⓫恕：宽恕，原谅。

⓬守口如瓶，防意如城：语出唐道世《诸经要集·九择要部过》引维摩经。喻严守秘密，不可告人。

解读

古代的人已经逝去，他们不会见到今天的月亮；但今天的月亮自古就有，它们曾经照耀过古代的人。做事要讲究一定的秩序，以先来的为主，后来的为辅。不要以为你行动得早，还有人比你行动得更早的人。不要相信所有人都是正直无私的，应该防备少数人的不仁不义。

在深山老林，我们可能会看到很多笔直的树；但在我们的身边，你却不一定能遇到正直的人。树枝没有树叶，应该首先检查自身的原因，不可一味抱怨太阳的光芒没有惠及自己。

一年最好的时光在万物生发的春天，一天最好的时机是在万象更新的早晨。一家人和和睦睦的才是理想的生活，一个人勤劳肯干就会有无限的前程。要用责备别人的态度要求自己，更要用原谅自己的态度对待别人。如果能做到不胡乱说话，那么，你就会少惹许多是非，你的个人防护就会像一座城一样坚固。

故事链接

有一次，北宋著名文学家苏东坡去拜访宰相王安石，他在宰相居所没有见到王安石，却偶然发现了王安石书桌砚台底下压着的一首没有写完的诗："西风昨夜过园林，吹落黄花满地金。"

苏东坡想：只有秋天才刮金风，金风起处，群芳尽落，但菊花能傲霜雪，怎么会花瓣四处飘落呢？

王安石恐怕是"江郎才尽"了吧？于是，他挥笔续诗："秋花不比春花落，说与诗人仔细吟。"

苏东坡写完，便拂袖而去。后来，苏东坡贬官至湖北黄州府当团练副使。苏东坡到任后的当年秋天，好友陈季常请他到后花园赏菊饮酒。

当时正巧是刮了几天大风之后,园中十几株菊花枝上一朵花也没有了,只见满地铺金,落英缤纷。

苏东坡一时瞠目结舌。陈季常问:"你见菊花落瓣,怎么这样惊诧呢?"苏东坡讲了在王安石府上改菊花诗一事。

苏东坡感慨万分地说:"我曾给王宰相改诗,以为他孤陋寡闻,谁知孤陋寡闻的竟是我自己。这事给我的教训太深了。看来凡事要谦虚谨慎,千万不可以自恃聪明啊!"

陈季常听了也感慨不已。后来,苏东坡向王安石"负荆请罪",承认了错误。从此以后,苏东坡特别谦虚谨慎了。

宁可人负我，切莫我负人

宁可人负①我，切莫我负人。再三须慎意，第一莫欺心。虎生②犹③可近④，人熟不堪⑤亲。来说是非⑥者，便是是非人。

远水⑦难救近火，远亲不如近邻。有茶有酒多兄弟，急难何曾见一人？人情似纸⑧张张薄，世事如棋⑨局局新。山中也有千年树，世上难逢百岁人⑩。

力微⑪休负重，言轻⑫莫劝人。无钱休入众，遭难莫寻亲。平生莫作皱眉事⑬，世上应无切齿人⑭。士⑮者国之宝，儒⑯为席上珍。

注释

①负：辜负。对不起人。②生：陌生。③犹：还，尚且。

④近：靠近，接近。⑤堪：可以。

⑥是非：是，正确的。非，错误的。这里指搬弄是非，好说闲话。⑦远水：远处的水。

⑧人情似纸：比喻人的情谊和情分像纸一样脆弱。

⑨世事如棋：比喻世事变化莫测。⑩百岁人：形容人年岁大。

⑪力微：力气小。⑫言轻：说话微不足道，没有分量。

⑬皱眉事：害人的事。⑭切齿人：仇人、恨你的人。

⑮士：指具有某种品质或技能的人。

⑯儒：读书人、有文化的人。

增广贤文

解读

宁可别人做对不起我的事，也不要我做伤害别人的坏事。无论做什么事，一定要再三思考，谨慎又谨慎，当然最重要的是不要自己欺骗自己。对从没见过的老虎可以表示亲近，因为老虎不一定个个都会吃人；但对太熟悉的人却不能够过分亲热，因为很多人都有不可告人的目的。四处传播是非的人，其实就是挑拨是非、别有用心的人。

远水再多也难以救近处的火灾，远亲再好也不如近处的邻居有用。一个人有身份有地位的时候朋友很多，那是由于人们有求于你；可到了危难的时候却看不见一个朋友，这是因为大家怕你麻烦他们。人与人之间的情分，就像一张薄纸一样脆弱；世界上的时事，则如棋局一样变化万千。山上生长的有千年以上的树，世上能够活到百岁以上的人却不多见。

力气太小的人无法承担太大的重量，说话不被重视的人，也不要尝试着去劝解、影响或者改变他人。没有钱不要到人前去，境遇不好的时候，不要去寻亲探友。一辈子只要不做对不起人的事，世上就不会有恨自己的人。读书之人是国家的宝贝，懂得礼义的人是国家的栋梁。

故事链接

三国时，蜀军中有个参军叫马谡，喜欢自吹自擂。蜀主刘备在临终前曾对丞相诸葛亮说："马谡言过其实，不可大用。"

可是，诸葛亮对此并没有引起足够的重视。他还认为马谡不仅擅长辞令，而且还很有才气，常与他海阔天空地长谈。

228年春，诸葛亮挥师北伐曹魏，向祁山进军。魏明帝曹叡派部将张郃救天水，抗蜀军。

诸葛亮闻讯后，料定张郃必定要抢夺街亭这个交通要道。于是，诸葛亮派马谡守卫街亭。

到了街亭后，马谡听不进副将王平的正确意见，却自以为是地在山上安营扎寨。

结果，魏军来到马谡守军的山下，切断水源，阻绝所有下山的道路，蜀军不战自乱，致使街亭失守。诸葛亮第一次北伐就这样以失败告终。

回到汉中，诸葛亮见到逃回的马谡，心中后悔不已，连声叹道："都怪我固执己见，当初不听先主的劝告，才导致今天这样的后果，这完全是我的罪过啊！"

于是，他立即传令，将违反军令、严重失职的马谡斩首。接着，又向后主刘禅上书道："丢失街亭，虽然马谡有责任，但主要是我用人不当造成的。为此，我请求给自己贬职三级以记住这个教训。"

增广贤文

若要断酒法，醒眼看醉人

若要断酒法，醒眼看醉人。求人须求大丈夫①，济②人须济急时无③。渴时一滴如甘露④，醉后添杯⑤不如无。久住令人贱⑥，频⑦来亲也疏⑧。

酒中不语⑨真君子，财上分明大丈夫。出家⑩如初，成佛⑪有余。积⑫金千两，不如明解经书⑬。养子不教如养驴，养女不教如养猪。

注释

① 丈夫：男子汉，即有气节、有所作为的人。
② 济：帮助，接济。③ 急时无：指需要帮助的人。
④ 甘露：甜美的水。⑤ 醉后添杯：喝醉酒后，继续添酒。
⑥ 贱：轻视。⑦ 频：频繁，多次。⑧ 疏：疏远。
⑨ 酒中不语：指喝醉酒后不胡言乱语。
⑩ 出家：离开亲人、家庭，到庙宇里去做道士或僧尼。一般出家后，除了须吃斋念佛外，还要戒掉七情六欲。
⑪ 成佛：佛教语。佛指永离生死烦恼的智慧者、觉悟者。
⑫ 积：储存。⑬ 经书：指儒家经典，四书五经等。

解读

要想知道戒酒的办法，清醒时看看喝醉的人便知道该如何做了。求人应该求那些有担当的英雄好汉，接济人要接济那些真正需要帮助的人。人在口渴的时候，送一滴水就像送甘露一样；人在喝醉酒后，若再让他喝酒就没有必要了。一个人在亲戚、朋友家住的时间长了会招人厌烦，人与人交往过多，再亲的人也会觉得厌烦，从而慢慢疏远。

喝醉酒时，不乱说话才是一个君子的作为，钱财上分得清楚，就能干出一番大的事业。一个人只有像初出家时一样真心诚意，才能取得一定的成就。积攒黄金千两，也不如通晓四书五经。养儿子如果不教育的话，就像养了一头蠢驴一样；养女儿若不教育的话，则还不如养一头猪作用大。

故事链接

东晋时期，在丹阳郡句容县市街上经常能看到一个十几岁的卖烧柴的孩子。他身材瘦小，沉重的柴担子把他的脊背都压成了弓形。

这一天太阳都偏西了，还没有人买柴，他就一直把担子挑到书肆的门前，放下担子坐在柴捆上擦汗。他的名字叫葛洪，是个勤劳节俭，刻苦学习的孩子。

葛洪性格刚强很有主见，家里没钱给他买笔、墨、纸、砚，他就每天早上上山打柴挑到城里去卖，卖了钱之后再买些纸笔等回去学习。

这天，葛洪挑着两大捆柴来到了书肆，书肆老板见葛洪坐在那儿，忙打招呼说："小伙子，又来买纸了？"

葛洪说："大伯，今天我的柴还没卖出去，想买点纸又没有钱，大伯你家缺柴烧吗？买下这些柴吧！都是一色儿的干树枝子，可好烧啦！我不要钱，你给我些纸笔就行，我这就给您挑进去吧？"

老板打心眼儿里喜欢这个爱学习的孩子，于是笑着说："行啊！孩子，你帮我把柴搬到后屋去，我这就去给你拿纸笔。"

葛洪放好柴，老板特地多拿了一些纸笔给葛洪，想让他多用一段时间，可葛洪拒绝了。葛洪说："我知道您是为我好，但大丈夫应该钱财分

增广贤文

明，只有用自己的劳动换取的东西用了才会心安。"

老板赞同地点点头，从此更喜欢买他的柴了。

葛洪由于学习刻苦努力，对经史百家都有研究，后来成为东晋著名的道家学者和医药学家。

有田不耕仓廪虚,有书不读子孙愚

有田不耕仓廪①虚②,有书不读子孙愚。仓廪虚兮③岁月乏,子孙愚兮礼义疏④。听君一席话,胜⑤读十年书。人不通今古,马牛如襟裾⑥。

茫茫四海⑦人无数,哪个男儿是丈夫。白酒酿成缘⑧好客,黄金散尽为收书⑨。救人一命,胜造七级浮屠⑩。城门失火,殃及池鱼。

庭前生瑞草⑪,好事不如无。欲⑫求生⑬富贵,须下死工夫。百年成之不足⑭,一旦败之有余。人心似铁,官法⑯如炉。

注释

① 仓廪(lǐn):装谷米的仓库。② 虚:空。
③ 兮:语气助词,相当于"啊""呀"。
④ 疏:生疏、疏远。⑤ 胜:好过,比……更好。
⑥ 马牛如襟裾(jīn jū):就像穿着衣服的牛马。襟裾:代指衣服。襟:上衣的前面部分。裾:衣服的前襟。
⑦ 四海:指天下、世界各地。⑧ 缘:因为。
⑨ 收书:收藏、购买书籍。
⑩ 浮屠:本是梵语的音译,意思即是"佛陀",指释迦牟尼。而"七级浮屠",即七层的塔,音译后的略称也是"浮屠"。所以,"浮屠"既可解作佛陀,亦可解作佛塔。
⑪ 瑞草:吉利、吉祥的草。⑫ 欲:想要。⑬ 生:活着时。

⑭成：建设。 ⑮足：足够。 ⑯官法：国家的法律。

> 解读

有田地不去耕种，仓库就会空虚，有书不去读，子孙就会愚笨。仓库空虚了，日子就会不好过，子孙愚笨了，又怎么能够知晓人世的礼义呢？同有修养的人谈一席话，胜过读了十年书。人如果不读书、不懂礼义，没有知识，就与牛马穿上衣服没有两样。

放眼四望，在许许多多的人当中，有几个是真正有作为的呢！白酒酿成的目的，是为了接待远来的客人；而千金散尽的原因，却是为了收集天下的好书。救人一条性命，功德无量，远胜过建造一座七层的佛塔。城门如果着火，则会使护城河里的鱼受到株连而死亡。

庭前长出吉祥的草，这种好事不如没有。要想得到荣华富贵，必须要下大的工夫才会成功。努力多年常常难得成功，一旦毁坏却十分容易。即便人心如铁石，也会在如炉的官法中熔化。

> 故事链接

很久以前，有个穷秀才进京赶考。这天，他只顾赶路，错过了住宿的地方。眼看天色已晚，他心里非常着急。

正在这时，一个屠夫走过来，邀请他到自己家里去住。秀才见他面目和善，就欣然来到了他家。屠夫给秀才安置好住处后，两人谈得十分投机。

屠夫随口问秀才说："先生，万物都有雌雄，那么，大海里的水哪是雌，哪是雄？高山上的树木哪是公，哪是母呢？"

秀才一下子被问住了，他只好向屠夫请教。

屠夫说："海水有波有浪，波为雌，浪为雄，因为雄的总是强些。"

秀才听了连连点头，又问："那公树母树呢？"

屠夫说："公树就是松树，'松'字不是有个公字吗？梅花树是母树，因为'梅'字里有个'母'字。"

秀才听了这些话，一下子明白过来。

秀才到了京城，进了考场，把卷子打开一看，巧极了，皇上出的题，正是屠夫说给他的雌水雄水、公树母树之说。很多秀才看着题目，两眼发呆，只有这个秀才不假思索，一挥而就。

不久，秀才被点为状元。他特地回到屠夫家，送上厚礼，还亲笔写了一块匾送给屠夫，上面题的是"听君一席话，胜读十年书"。

善化不足，恶化有余

善化①不足，恶化有余。水至清则无鱼，人太急则无智。智者减半，愚者全无。在家由父，出嫁从夫。痴人畏妇，贤女敬夫。

是非终日②有，不信自然无。宁可正而不足，不可邪③而有余④。宁可信其有，不可信其无。

竹篱茅舍⑤风光好，僧院道房⑥终不如。命里有时终须有，命里无时莫强求。道院⑦迎仙客⑧，书堂⑨隐⑩相儒⑪。庭栽栖⑫凤竹，池养化龙鱼。

注释

①化：感化，使变化。②终日：终，从始至终。终日，天天、每天。
③邪：邪门歪道。④有余：富足。
⑤竹篱茅舍：竹篱，竹子围成的篱笆。茅舍，茅草盖成的房屋。指简易的农家房屋。
⑥僧院道房：僧院，和尚诵经的地方。道房，道士修炼的地方。指僧人道士居住的地方。
⑦道院：道人所居之处。⑧仙客：指尊佛敬道的香客。
⑨书堂：读书的房间。⑩隐：隐居。
⑪相儒：指有宰相之才的读书人。⑫栖：停留、居住。

解读

　　积善不够，积恶有余的人，必定会受到惩罚。水如果太清澈了，就不会有鱼存活。人如果脾气太急躁了，也不会有智谋产生。学习时在老师一人之下，运用时却可指挥万人。聪明的人如果能够减少一半的话，那么全世界就找不到一个愚蠢的人了。女子在家要听从父命，出嫁之后要服从丈夫。愚笨的傻人会怕老婆，贤惠的女子懂得尊敬丈夫。

　　是非每天都会有，但是如果你不去听，或者听了不去信的话，那么它就不可能存在了。宁肯做正直的人而过比较贫困的生活，也不要做奸邪的人而过富足的生活。有些事宁可相信有，也不要轻易相信没有，否则就可能吃大亏。

　　竹篱笆和茅草屋虽然简陋，但却可以欣赏优美的风光，过自由自在的生活。僧人道士的屋室虽然华丽，但清规戒律束缚身心，少了一份人生乐趣，这是住僧院道房的清修者不能比的。命里该有的迟早会到，命里没有的别去强求。寺院迎接的是有仙气的游客，书斋里隐居的是未来的宰相。庭院里栽种的是能够供凤凰栖息的树，池塘里养育的则是即将化为飞龙的大鱼。

故事链接

　　陶渊明，又名潜，字元亮，号"五柳先生"，出身于没落仕宦家庭。大约生于365年。曾任江州祭酒、建威参军、镇军参军、彭泽县令等，做彭泽县令80多天，因不喜欢对上司阿谀奉承便弃职而去，从此归隐田园。

　　陶渊明辞官归里，过着"躬耕自资"的生活。夫人翟氏与他志同道合，安贫乐贱，"夫耕于前，妻锄于后"，共同劳动，维持生活。

　　在《归园田居》《饮酒》等诗中，陶渊明对自己归隐后的生活做了描写："白日掩柴扉，对酒绝尘想。时复墟里人，披草共往来。相见无杂言，但道桑麻长。"

"结庐在人境，而无车马喧。问君何能尔，心远地自偏。采菊东篱下，悠然见南山。"这些别人都瞧不上眼的平凡事物、乡间生活，在陶渊明的笔下却显得那样的优美、宁静、亲切。

从古至今，有很多人喜欢陶渊明固守寒庐、寄意田园、超凡脱俗的人生哲学，以及他淡薄渺远、恬静自然、无与伦比的艺术风格。

他辞官回乡22年一直过着贫困的田园生活，而固穷守节的志趣，老而益坚。元嘉四年（427年）九月中旬神志还清醒的时候，他给自己写了《拟挽歌辞》三首，在第三首诗中末两句说"死去何所道，托体同山阿"，表明他对死亡看得平淡自然。公元427年，陶渊明走完了他63年的生命历程，与世长辞。

结交须胜己，似我不如无

结交须胜①己，似我不如无。但②看三五日，相见不如初③。人情似水分高下，世事如云任卷舒④。会说说都市，不会说屋里。

磨刀恨不利⑤，刀利伤人指；求⑥财恨⑦不多，财多害自己。知足常足，终身不辱；知止常止，终身不耻。

有福⑧伤财，无福伤己。差之毫厘⑨，失之千里。若登高必自卑⑩，若涉远必自迩⑪。三思而行，再思可矣。

注释

① 胜：超过，胜过。② 但：只要。③ 初：初相识的印象。
④ 卷舒：卷起与展开。⑤ 利：刀口快，锋利的意思。
⑥ 求：谋取，谋求。⑦ 恨：抱怨，痛恨。
⑧ 有福：古代称富贵、长寿为福。
⑨ 毫厘：毫、厘，两个很小的计量单位，极言数量之小。
⑩ 卑：低下，低劣。这里指地势低下。⑪ 迩：近，近处。

解读

交朋友要与比自己本领大的人结交，如果与本领同自己差不多的人交往还不如不交为好。一般人同友人交往，只要过了三五天后，再见面时的印象就不会有刚见面时那么好了。人的情意像水一样有高有下不要去计较，世上的事情像云彩一样，我们也只能任凭它变化。会说话的人讲的都是都市里的大事，不会说话的人只讲家中的小事。

人们在磨刀的时候，常常怕刀磨得不锋利，但他们没有想到的是，刀太锋利却容易伤人手指。人们在追求钱财时，唯恐赚得不多，可他们没有想到的是，钱财多了有时反而会害了自己。懂得满足现状就会经常感到满足，懂得适可而止就不会招来耻辱。

遇到危险的时候有福的人只损失钱财，没有福的人就会伤害到自身。有时出了一毫一厘的差错，就会与正确的目标相差千里。如果要登到高处，必须先从最低的地方开始；假若要向远方行走，必须要先从近处起步。季文子每做一件事总是要思考多次后才去行动，其实没有必要那么谨慎，只要认真地思考两次就足够了。

故事链接

刘备是三国时期蜀国的建立者。刘备不仅善交朋友，和关羽、张飞结为异姓兄弟，还能诚恳地帮助朋友。

刘备和许汜两人推心置腹，无话不谈。有一天，刘备和荆州刺史刘表闲谈，评论当世著名的人物，许汜也在座。当谈到徐州的陈登时，许汜插话说："陈登的文化教养太低了，总也脱不掉一股粗野人习气。"

"你有根据吗？"刘备诧异地问。

"当然有。"许汜说："头几年，他在吕布那做事，我去拜访他，他不但不搭理人，晚上他自己睡大床，却让我睡在小床上。"

刘备笑着说："他这样做是对的。"

许汜站起来正要分辩，刘备双手搭在他的肩上，诚恳地说："你在外面的名气大，人们对你的要求也就高了。现在兵荒马乱，老百姓够苦的了。你不关心这些，只打听谁家买肥田，谁家买好屋，尽想捞便宜。陈登

最看不起这种人,他怎会同你讲心里话呢?他让你睡小床,还算优待你哩。若是我,就让你睡在地上,连小床也不让你睡。"

刘表大笑说:"许汜,你快改掉这些毛病吧。"许汜感到刘备是真诚帮助自己,感激刘备批评人不留情面,并表示要改正自己的缺点。

动口不如亲为，求人不如求己

动口①不如亲为，求人②不如求己。小时是兄弟，长大各乡里。妒财③莫妒食，怨生莫怨死。

人见白头嗔④，我见白头喜。多少少年郎，不到白头死。

墙有缝，壁有耳⑤。好事不出门，坏事传千里。

贼是小人，知过君子。君子固⑥穷，小人穷斯⑦滥⑧也。

富贵多忧⑨，贫穷自在⑩。不以我为德，反以我为仇。宁可直中取，不可曲⑪中求。

人无远虑，必有近忧⑫。知我者谓我心忧，不知我者谓我何求⑬。晴天不肯去，直待雨淋头⑭。成事莫说，覆水难收。

注释

① 动口：开口支使人。② 求人：请求、央求别人。
③ 妒财：妒，忌恨、厌恶。厌恨钱财。④ 嗔：怒、生气。
⑤ 壁有耳：指隔墙有耳。⑥ 固：固守。⑦ 斯：这个。
⑧ 滥：过度，这里意为胡作非为。
⑨ 富贵多忧：指有钱人怕破财折命的恐惧心理。
⑩ 贫穷自在：指穷苦人心无牵挂、自由自在的洒脱心理。
⑪ 曲：弯曲，歪门邪道。⑫ 忧：指忧虑，忧患。
⑬ 不知我者谓我何求：语出《诗·王风·黍离》。

⑭ 晴天不肯去，直待雨淋头：这句直白的话，却包含了深刻的道理，它犀利地讽刺了那些办事拖拉的人的懒惰脾性。

解读

开口支使别人做事不如自己亲自去做，请求别人办事不如自己身体力行。小时候是亲密的兄弟，长大后为了生计，各自住在他乡不相往来。金钱是万恶之源，我们可以厌恨钱财，但千万不要厌恨食物，因为它是我们生活的动力和养料；可以抱怨生者，但不要抱怨死者，因为死者已经没有办法再听见你的抱怨。

别人看见自己生了白头发就生气，我见到自己生了白头发却很高兴。因为世界上有多少人年纪轻轻就死了，他们没有等到头发白就离开了人世。

墙壁都有缝隙，墙壁后面都有耳朵在偷听。好的事不出屋门，坏的事却能传出千里。

偷东西的贼是卑贱的小人，知道错误能改的是高尚的君子。高尚的君子能在贫穷中坚持操守，卑贱的小人在贫穷中就会无所不为。

富贵的人有无穷的忧虑，贫穷的人却自由自在。不因为我的行为而歌颂我德行高尚，反而因为我的行为而咒恨我。宁可按正当的方式少取，决不按不当的方式多取。

人没有长远的考虑，一定有眼前的忧患。知道我的人说我心中忧伤，不知道我的人说我到底有什么欲望。晴天的时候不肯出去，到了必须出去的时候赶上大雨淋头。已经做成的事就不要再去劝说，已经泼出的水是绝对收不回来了。

增广贤文

故事链接

东汉时期，颍川人陈寔为人公正刚毅，与人为善。乡邻们遇有什么争执时，都请他给评理。他总是以理服人，以情动人，清楚地说明是非曲直，让当事人心服口服。

后来，陈寔做了太丘县令，对待触犯了法律的犯人也很宽厚，主要用道理来教育犯人，使犯人从内心认识到自己的行为是可耻的，从中吸取教训，从而不再去犯罪。

有一年，年成不好，人们生活十分困苦，许多人不得已干些偷鸡摸狗的勾当。一天夜里，有个小偷潜入陈寔的卧房，躲在房梁上窥伺，不料被陈寔发现了。

陈寔没有叫人来捉贼，而是穿上衣服起了床，把一家人都叫进来，严肃地训导他们说："君子即使是很贫穷也要固守节操，不去做有违道德和法律的事。人活着每时每刻都要自勉，许多违法的人不一定生下来就是坏人，只是因为沾染了坏习惯，才到了不知羞耻的地步。房梁上的君子就是沾染了坏习惯才落到今天这种地步的。"

小偷一听，大吃一惊，慌忙从梁上跳下来磕头请罪。陈寔语气缓和地开导他说："看你的模样，不像坏人。只要好好改掉自己的恶习，就能重新做个好人。你干这种事大概也是贫穷所迫吧！"说着，他吩咐家人取出一些布匹和几两银子，送给了这位表示悔过的梁上君子。

此事很快就传播开来，许多被生活所迫从事小偷小摸的人都觉得惭愧。从此以后，盗窃的事件在太丘逐渐少了。

是非只为多开口，烦恼皆因强出头

是非只为多开口，烦恼皆因强❶出头。忍得一时之气，免得百日之忧。近来学得乌龟法，得缩头时且缩头。惧法❷朝朝❸乐，欺❹公❺日日忧。

人生一世，草长一春❻。黑发不知勤学早，转眼又是白头翁。月到十五光明少❼，人到中年万事休。

儿孙自有儿孙福，莫为儿孙做马牛。人生不满百，常怀❽千岁❾忧。

今朝❿有酒今朝醉，明日愁来明日忧。路逢险处须回避，事⓫到头来不自由。药能医假病，酒不解真愁。

注释

❶ 强：强求，逞强。❷ 法：法律。❸ 朝朝：天天，每天。
❹ 欺：欺侮。❺ 公：公德，公众。
❻ 人生一世，草长一春：人的一生就像草木经历一个春天的时间，比喻生命短促。
❼ 少：这里指月光黯淡。❽ 怀：感怀。❾ 千岁：形容时间长久。
❿ 今朝：今天。⓫ 事：偶然遇到的难事、祸事。

解读

惹出是非只因为多讲话，遇到烦恼都是因为逞强出头。忍住一时的气，就能免除百天的忧愁。近来学了一种乌龟缩头法，该缩头时就缩头。知道惧怕法律每天都会过得快乐，损公肥私则会天天忧心。

人只能活一辈子，草木只能生长一个春天。头发黑时不知勤奋学习，转眼间就会成了白头翁。月亮过了十五就会一天比一天暗淡，人到了中年就什么事也办不成了。

儿孙们自会有他们的福分，不要为儿孙操劳甘当马牛。人的一生不到一百岁，却常常为千年后的事担忧。

今天有酒今天就饮个大醉方休，明天有愁事明天再去考虑吧。走路遇到险阻时要适当回避，事情来了就由不得自己了。药物只能医治假病，饮酒不能消解真愁。

故事链接

韩信，秦末淮阴人。他原是楚霸王项羽手下的低级军官，后来投奔汉王刘邦，经萧何的极力推荐，被拜为大将。汉楚相争时，他率领汉军，南征北战，立下无数功劳，和萧何、张良一起，被称为"汉初三杰"。

刘邦称帝后，韩信被刘邦封为楚王，解除了他的兵权，但他当时仍是实力最强大的诸侯王。不久，刘邦接到密告，说韩信接纳了项羽的旧部钟离昧，准备谋反。

于是，他采用谋士陈平的计策，假称自己准备巡游云梦泽，要诸侯前往陈地相会。韩信知道后，杀了钟离昧来到陈地见刘邦，刘邦将韩信逮捕，押回洛阳，后来，把他贬为淮阴侯。

韩信被贬为淮阴侯之后，深知高祖刘邦畏惧他的才能，所以从此常常装病不参加朝见或跟随出行。韩信由此日益怨恨，在家中总是闷闷不乐的。

有一次，韩信去拜访吕后的妹夫舞阳侯樊哙，樊哙行跪拜礼恭迎恭送,并说:"大王竟肯光临臣下家门,真是臣下的光耀。"韩信出门后,笑道:"我这辈子居然同樊哙等同列!"

有一天刘邦把韩信召进宫中,要他评论一下朝中各个将领的才能。最后,刘邦问他:"依你看来,像我能带多少人马?"

"陛下能带十万。"韩信回答。刘邦又问:"那你呢?"

"对我来说,当然越多越好!"刘邦又说:"你带兵多多益善,怎么会被我逮住呢?"

韩信知道自己说错了话,忙掩饰说:"陛下虽然带兵不多,但有驾驭将领的能力啊!"

刘邦见韩信还是这么狂妄,心中很不满。后来,刘邦再次出征,刘邦的妻子吕后终于设计杀害了韩信。

增广贤文

人贫不语，水平不流

人贫不语①，水平②不流。一家养女百家求，一马不行百马忧③。有花方酌酒，无月不登楼。三杯通大海，一醉解千愁。

深山毕竟藏老虎，大海终须纳④细流。惜花⑤须检点⑥，爱月不梳头。大抵⑦选她肌骨好，不搽红粉⑧也风流。

受恩深处宜⑨先退，得意浓处⑩便可休⑪。莫待是非来入耳，从前恩爱反为仇。

留得五湖明月在，不愁无处下金钩⑫。休别有鱼处，莫恋浅滩头。

去时终须去，再三留不住。忍一句，息一怒，饶一着，退一步。

注释

①不语：不敢随便说话。②平：满。
③一马不行百马忧：一匹马不能行走了，许多马都会担忧。比喻个人对团队的影响极大。
④纳：接收，容纳。⑤惜花：爱花。
⑥检点：注意约束自己的言行。⑦大抵：大概。
⑧红粉：女子化妆用的胭脂水粉。⑨宜：应当。
⑩浓处：程度深。⑪休：停止，罢休。⑫下金钩：钓鱼。

解读

人穷了就不多讲话，水平了就不乱流动。一家养了女儿百家都想来求婚，一匹马不能行走百匹马都在忧愁。有鲜花才有饮酒的兴致，没有月亮哪有登楼的雅兴。饮酒三杯自能通晓高深的道理，醉倒一次无数的忧愁都会消解。

深山里必定藏着猛虎，大海一定要收纳细小的溪流。爱惜鲜花就要注意自己的行为不要碰它，喜爱月亮则没必要那么谨慎，蓬头垢面也无妨。因为月亮远不可及，不会因为你的态度不同而受到任何影响。大概是父母生得她肌肤体态好，不用搽脂抹粉也俏丽风流。

受到上司的恩宠多了就该引退，事业上十分得意时就该适可而止。不要等到矛盾是非都传到你的耳朵里，那样会使从前的恩爱都变成怨仇。

只要能留得住五湖上的明月，就不愁没有地方隐居垂钓。不要轻易离开有鱼可钓的地方，不要贪恋水浅安全的滩头。

该去的东西终究要离去，再三挽留也是留不住的。忍住少说一句话，压住一次怒气，下棋让人一步，遇争执退一步。

故事链接

春秋时期，楚国国君楚成王死后，他的孙子楚庄王登上王位。在最初的三年里，他整天不过问国家大事，白天外出打猎，晚上喝酒、听音乐、看跳舞，许多大臣都把他当作昏君。

实际上楚庄王这都是装出来的。因为他刚刚当上国君，在朝中还没形成势力，可宰相的权力又过大，因此他想通过暗中观察，找出大臣中谁有胆略、有才华，可以信任和重用。

可是一晃三年过去了，楚庄王依旧那样碌碌无为。一天，大臣申无畏

增广贤文

请求拜见楚庄王。申无畏说："我刚才在城郊散步，听到一个谜语，想到大王您聪明过人，就特地来请教。"

楚庄王说："这倒怪有意思的，你快讲讲。"申无畏说："楚国山上，有只大鸟，身披五彩，可真荣耀。一停三年，不飞不叫，人人不知，是什么鸟。"楚庄王听了，笑着说："这可不是普通的鸟。三年不飞，一飞冲天；三年不鸣，一鸣惊人。你不用急，擦擦眼睛等着看吧。"申无畏听了似乎心领神会地说："大王到底英明。"就告退而出。

从这天以后，有一些大臣陆续到楚庄王那里，谈论治理国政和与群雄争胜的事情。通过推心置腹的交谈，楚庄王渐渐对大臣有了新认识，了解了谁是可以信任、重用的人才。于是楚庄王一面改革政治，一面招兵买马，训练军队。后来，他平息了宰相的叛乱，打败了宋国，使楚国称霸于群雄之中。

三十不豪，四十不富

三十不豪❶，四十不富❷，五十临近寻死路。生不认魂，死不认尸。一寸光阴一寸金，寸金难买寸光阴。

父母恩深终有别，夫妻义重也分离。人生似鸟同林宿，大限❸来时各自飞。

人善被人欺，马善被人骑。人无横财不富，马无夜草不肥❹。人恶人怕天不怕，人善人欺天不欺。善恶到头终有报，只争来早与来迟。黄河尚❺有澄清日，岂可❻人无得运时？

注释

❶豪：豪杰，有杰出才能的人。❷富：富贵、富裕。

❸大限：寿限，寿数，亦指死期。

❹人无横财不富，马无夜草不肥：语出元张国宾《合汗衫》第三折。善恶到头终有报，只争来早与来迟：宋俞成撰《萤雪丛说·善恶有报》："善恶若无报，乾坤必有私。此古语也。善恶到头终有报，只争来早与来迟。此古诗也。一是反说，一是正说。"

❺尚：尚且，还。❻岂可：怎么可能。

解读

三十岁不能成英豪，四十岁不能成巨富，五十岁就临近死亡线了。活

增广贤文

着不认识魂魄，死了不认识尸体。一寸光阴如同一寸黄金那样珍贵，一寸黄金难以买到一寸光阴。

父母的恩情再深终究要与你分别，夫妻的情义再重难免一朝分手。人们的生活像鸟儿在一个树林中居住，大难来临时各自逃离飞去。

人太善良常被人欺负，马太善良易被人来骑。人没有不义之财不会暴富，马不吃夜草不会长得膘肥体壮。一个人凶恶，人们怕他，天却不怕他；一个人善良，人可能欺负他，天却不会欺负他。不论行善还是作恶到头来都会有报应，只是来得早来得迟罢了。黄河的水都有澄清的那一天，怎能说一个人永远不会交到好运呢？

故事链接

江南常州无锡县东门外，有个人叫吕玉，吕玉妻王氏生下一个儿子，小名叫喜儿，只有六岁。这天，喜儿跟邻舍家的孩子出去看迎神赛会，可一直到了深夜都没有回来。

吕玉夫妻非常着急，可他们找了几天，都没有找到。吕玉感觉在家里非常郁闷，就告别了王氏，决定出去做做生意，顺便换换心境。

几年后的一天早晨，吕玉来到东留这个地方，偶然去厕所方便，见坑板上有一个青布包裹。打开看时，竟然全都是银子，大约有200两左右。

吕玉等了一天，不见有人来找，第二天他只得起身，到南边有一个叫宿州的地方，住进了客店。

吕玉在客店遇到了一个叫陈朝奉的客人，两人就闲聊起来。那个客人说起自己在陈留县上厕所时，丢了200两银子的事。

吕玉一听，知道他就是自己要找的失主，忙取出包裹将200两银子递给陈朝奉。陈朝奉喜出望外，立即说愿意与吕玉均分，但吕玉没有接受。

陈朝奉感激不尽，马上摆设筵席感谢吕玉。席间，两人谈到家里的情

况，吕玉说自己有一个儿子几年前走失，现在想领养一个小孩。陈朝奉则说自己几年前买过一个小男孩，情愿过继给吕玉。

两人一起来到陈家，陈朝奉叫出那个小孩，吕玉竟发现这个孩子正是自己丢失的儿子喜儿。陈朝奉说："只因为你有拾金不昧的美德，才会有今天你们父子团圆的喜事啊！"

| 增广贤文

得宠思辱，居安思危

得宠①思辱②，居安思危③。念念④有如临敌日，心心⑤常似过桥⑥时。英雄行险道，富贵似花枝。人情莫道春光好，只怕秋来有冷时。送君千里，终有一别。

但将冷眼⑦观螃蟹，看你横行到几时。见事莫说，问事不知。闲事休管，无事早归。假缎染就真红色，也被旁人说是非。善事可做，恶事莫为。许⑧人一物，千金不移⑨。

注释

①宠：宠爱，偏爱。②辱：受到侮辱。
③居安思危：处在平安的环境里，要想到有出现危险的可能。
④念念：刹那，指极短的时间。⑤心心：一心一意。
⑥过桥：这里指过独木桥。⑦冷眼：冷漠、轻蔑的态度。
⑧许：许诺。⑨移：改变。

解读

得到宠爱的时候要想到可能会有受侮辱的时候，处在平安的境地就要想到可能处于危险的情况。思想永远应像大敌当前那样慎重，心情永远应像过独木桥那样谨慎。英雄始终在艰险路上闯荡，富贵如同花在枝上难长久。人情不会永远像春光那么美好，只怕会遇到秋天寒冷来临。送人送出

龙生龙子,虎生虎儿

龙生龙子,虎生虎儿。龙游浅滩遭虾戏①,虎落平原被犬欺。一举首登龙虎榜②,十年身到凤凰池③。十年寒窗④无人问,一举成名⑤天下知。

酒债寻常行处有,人生七十古来稀。养儿防⑥老,积⑦谷⑧防饥。当家才知盐米贵,养子方知父母恩。常将有日思无日,莫把无时当有时。

时来风送滕王阁⑨,运去雷轰荐福碑⑩。入门休问荣枯事,且看容颜便得知。官清⑪书吏⑫瘦⑬,神灵庙祝⑭肥⑮。

注释

①戏:戏弄,捉弄。②龙虎榜:泛指科举考试中公布中举者的榜文。

③凤凰池:魏晋时中书省,掌管一切机要,因接近皇帝,故称"凤凰池"。

④十年寒窗:原指科举时代,读书人为了考取功名,长年埋头窗下苦读的情形。指读书生活的辛苦。

⑤一举成名:古时指一旦中了科举就扬名天下。⑥防:防备。

⑦积:积蓄。⑧谷:谷物,这里泛指粮食。

⑨滕王阁:唐高祖之子滕李王元婴在当洪州刺史时建造的楼阁,在今江西南昌西北。因李元婴在贞观年间曾被封于山东省滕州故为滕王,所以冠名"滕王阁"。

⑩ 运去雷轰荐福碑：本句出自马致远杂剧《半夜雷轰荐福碑》，内言一贫书生刚要去临摹荐福碑的碑文，当夜荐福碑却被雷击毁。

⑪ 清：清廉。⑫ 书吏：衙门里执掌文书的小吏。

⑬ 瘦：清瘦，这里指无利可图。⑭ 庙祝：庙里管理香火的人。

⑮ 肥：肥胖。这里指有利可图。

解读

龙生的儿子是小龙，虎生的儿子是幼虎。龙游到浅水滩会遭到小虾戏弄，虎到了平原上会受到小狗欺负。一旦在科举考试中名登进士榜，十年之后就能在朝廷出任高官。十年在寒窗下苦读无人理睬，一旦榜上有名天下人就都知道你了。

喝酒欠债的事情到处都有，人活到七十岁古来少有。养儿子是为了防备自己衰老，积蓄粮食是为了防备饥荒。主持家政才知道柴米油盐的昂贵，自己有了孩子才能了解父母的恩情。在过富有的生活的时候，要想到以后可能会过贫穷的日子；不要到了一无所有的时候，再来回想以前的美好生活。在物资丰富时要考虑到缺乏的日子，不要到了缺乏时才后悔。

交好运时风都会送你到滕王阁扬名，没有运气要临写碑文碑却被雷轰毁。进入一户人家不必问日子过得好坏，只要观察人们的容颜气色就知道了。长官清廉的下级一定清瘦，供奉的神仙灵验看管香火的人一定肥胖。

故事链接

春秋战国时期，贵族官员生活腐朽，奢侈之风盛行。齐国丞相晏婴却清廉节俭，深为后人所称道。

晏婴平时只穿粗布衣服，一件狐皮大衣，也只是在出使他国或参加盛典时穿，并且一直穿了30多年。他每日吃的是粗茶淡饭。一天，他正要吃午饭，齐景公派人来见他，他把自己的饭菜分成两份，请来人共进午餐。

　　景公知道这件事后，立即命人给晏婴送去黄金千两，以供他接待客人的开支。不料晏婴不肯接受，景公命人送了三次，他还是执意不肯收下。

　　晏婴平时上朝，总是乘坐一辆劣马拉的破旧车子，有时甚至步行。景公觉得他乘坐的车马与他的身份不相称，便多次派人送去新车骏马，却都被他拒绝了。

　　景公很不高兴，责问他为何不收。晏婴说："您让我管理全国的官吏，我深感责任重大。平时，我反对奢侈浪费，要求他们节衣缩食，以减轻百姓的负担。我若乘坐好车好马，百官们便会上行下效，奢侈之风就会流毒四方。假如真的到了那个时候，恐怕就再也无法禁止了。"

　　晏婴的相府地处闹市，且阴暗狭窄。齐景公提出要为他修造僻静宽敞的新宅院，也被晏婴婉拒。

　　齐景公趁他出使他国之际，为他新建了一处豪华的府第。晏婴回国后，马上从新相府搬回了原来的住处，同时将新相府分配给了原来住在那儿的人。

息却雷霆之怒，罢却虎狼之威

息却雷霆之怒❶，罢却❷虎狼之威。饶人算知本❸，输❹人算知机❺。好言难得，恶语易施。一言既出，驷❻马难追。

道吾好者是吾贼❼，道吾恶者是吾师。路逢侠客须呈剑，不是才人莫献诗。三人行必有我师焉❽，择其善者而从之，其不善者而改之。

欲昌❾和顺❿须为善，要振家声在读书。少壮不努力，老大徒伤悲⓫。人有善愿，天必祐⓬之。

注释

❶ 雷霆之怒：比喻大发脾气，大声斥责。泛指暴怒、盛怒。
❷ 却：去掉。 ❸ 本：根本。 ❹ 输：忍让。 ❺ 机：关键。
❻ 驷（sì）：指四匹马拉的车。语出《邓析子》："一言而非，驷马不能追。" ❼ 贼：仇人。
❽ 三人行必有我师焉：语出《论语·述而》，意思是，三个人同行，其中必定有我的老师。
❾ 昌：这里是倡导，使兴旺的意思。 ❿ 和顺：和谐，顺利。
⓫ 少壮不努力，老大徒伤悲：语出《乐府诗集·长歌行》。
⓬ 祐：指天、神等的佑助。

增广贤文

解读

做官的人应当平息雷霆般的愤怒，去掉虎狼般的威风。饶恕别人是处世的根本，忍让别人是处世的关键。有益的话不容易听到，伤人的话却容易说出。一句话说出口，四匹马追不回。

讲我好话的是我的敌人，讲我缺点的是我的老师。路上遇到侠客应当献上宝剑，不要向没有才学的人诵读诗篇。三人同行其中一定有可以做我老师的人，对他们的长处要好好学习，对他们的缺点也可借鉴改正。

要提倡和顺的风气，就必须要多做善事；要振兴家庭的声望，关键在于要多读书。年轻力壮的时候不知努力，等到年老体衰的时候就只能空自伤心。人如果有善良的愿望，老天也会帮助你。

故事链接

吕蒙是三国时期东吴著名的大将。他十五六岁的时候偷偷跑到军队中，混在士兵们中间和他们一起出去打仗，后来就当上了将军。有一天，孙权对吕蒙说："你从十五六岁起一年到头打仗，没有时间读书，现在做了将军，不能再不学习啦！"

吕蒙说："我军务太忙，实在没时间读书呀！"孙权摆摆手说："我不是要你做个博学多才的大学问家，只要你粗略地看看各种书，多知道一些事情，能够拿历史作为借鉴就行了。你虽然很忙，但能有我忙吗？我每天还抽出点时间读书，觉得大有好处。"

吕蒙听了大受启发，开始发奋读书。每天一有时间，他就拿起一本书，聚精会神地看起来，从前人的书里吸取知识。后来他读了好多的书，就连一些读书人也没他读的书多。当时，鲁肃做都督，他还以为吕蒙还是那个文化水平不高的武将呢！有一回，鲁肃路过吕蒙驻防的地方，同吕蒙聊天。吕蒙问鲁肃:"蜀国的关羽对我们威胁很大,您采取了哪些防御措施,防止他的突然袭击?"

鲁肃心想吕蒙这个大老粗,能知道什么,我跟他说也是白说,于是懒洋洋地说:"到时候再说吧!"

吕蒙十分诚恳地向鲁肃介绍吴、蜀两国的形势,提出了五点建议。鲁肃听了,非常佩服,不禁走到吕蒙身边,拍着他的肩膀赞扬道:"我一直以为老弟只会带兵打仗,今天同你谈话,才知道你还是个有学问、有见识的人,真是文武全才呀!已经不是当年的阿蒙了!"

增广贤文

莫饮卯时酒,昏昏醉到酉

　　莫饮卯时酒,昏昏醉到酉①。莫骂酉时妻,一夜受孤凄。种麻得麻,种豆得豆。天眼恢恢,疏而不漏②。

　　做官莫向前,作客莫在后。宁添一斗③,莫添一口。

　　螳螂捕蝉,岂知黄雀在后④?不求金玉重重贵,但愿儿孙个个贤⑤。一日夫妻,百世姻缘。百世修⑥来同船渡,千世修来共枕眠。

> **注释**

① 莫饮卯时酒,昏昏醉到酉:中国古时把一天划分为十二个时辰,每个时辰相当于现在的两小时。卯时就是上午5时至7时整,酉时是指下午5时至7时整。这句话的意思是说早晨喝完酒会醉一天。

② 天眼恢恢,疏而不漏:语出《老子》,原文是"天网恢恢,疏而不失"。

③ 斗:古代容量单位,十升等于一斗,十斗等于一石,一石等于120市斤。

④ 螳螂捕蝉,岂知黄雀在后:语出《庄子·山木》。比喻目光短浅,只想到算计别人,没想到别人在算计他。

⑤ 贤:贤能,有德行。⑥ 修:指美德修炼。

解读

不要在早晨一起来就饮酒,那样会昏昏沉沉一直到夜晚。更不要在傍晚要睡觉的时候,无故去辱骂妻子,那样会受到生气的妻子的一夜冷落。种下麻籽会收到麻,播下豆种就会收到豆。天的眼睛像宏大的网,网眼衡疏却不会漏掉一切坏人坏事。

见官长时不要靠前,以免被挑剔,做客人时不要靠后,以免被冷落。宁愿多添一斗粮,不可多生一口人。

螳螂只顾捕捉眼前的蝉,却不料黄雀正在后面等着吃它呢。不追求家中金银珠宝件件都贵重,只愿家中的儿孙个个都是贤能。一日成为夫妻,是百世结成的缘分。一百代修来的缘分才能同乘一条船,一千代修来的缘分才能做同床共枕的夫妻。

故事链接

战国时期,田稷任齐国宰相。一次,他的下属官吏送给他100两黄金,他推辞了几番,别人执意要送给他。最后,他碍于情面将它拿回去献给了母亲。

田母见了生气地说:"你为相三年,俸禄从没有这么多,难道是掠取民财、收受贿赂得来的?"

田稷低下了头,以实情相告。田母听了田稷的话,严肃地说:"我听说士人严于修己、洁身自爱,不取苟得之物;坦荡磊落,不做诈伪之事。不义之事不存于心,不仁之财不入于家。你肩负着国家的重任,就应处处做出表率。而你却接受下属的贿赂,这是上欺瞒国君,下有负于百姓,实在让我痛心啊!快将金子退回,请朝廷发落吧!"

田稷听了母亲的话,羞愧万分,先将百金如数退还,又到朝廷坦陈过

| 增广贤文

错,请求处理。

齐宣王听后,对田母的道德风范称赞不已,他对群臣说:"有贤母必有良臣!相母之贤如此,何愁我齐国吏治不清。我宣布赦免相国无罪。"

齐宣王还诏令国人学习田母廉洁清正、教子有方的高尚品德。

杀人一万，自损三千

　　杀人一万，自损三千。伤人一语，利如刀割。枯木逢春犹再发，人无两度再❶少年。未晚先投宿，鸡鸣早看天❷。

　　将相额头堪走马，公侯肚内好撑船❸。富人思来年，穷人思眼前。世上若要人情好，赊去物件不取钱。死生有命，富贵在天。

　　击石原有火，不击乃无烟。人学始知道，不学亦枉然。莫笑他人老，终须还到老。和得邻里好，犹如拾片宝。但能依本分，终须无烦恼。大家做事寻常，小家做事慌张。大家礼义教子弟，小家凶恶训儿郎。

注释

❶ 再：再次，两次。❷ 鸡鸣早看天：古时没有钟表，起床一般都是听鸡叫。

❸ 公侯肚内好撑船：比喻将相公侯的气量大。

解读

　　伤害别人，自己也会受到损失。一句伤人的话，像用刀砍人一样厉害。枯木到了春天会再次发芽，但人老了不可能返老还童。出门在外，天未黑就应找地方休息，鸡叫后则要看天气是否可以继续出行。

　　将相和公侯等高级管员的额头上能跑马，宰相的肚里可以撑船。富裕的人考虑长远，贫穷的人常考虑眼前。如果你要想得到好的人缘，把东西

增广贤文

赊给别人不要钱。人的生死是命里注定的，能不能富贵全凭天意。

石头碰击就会冒出火星，不去碰击连烟都不会冒。努力学习才会懂得道理，不去学习什么也得不到。不要笑话别人老，自己总有一天也会老的。与邻居处得和睦友好，就像拾到珍宝。只要能本分做人，一生都不会烦恼。大户人家办事从从容容，小户人家办事慌慌张张。大户人家用礼义教育子弟，小户人家粗暴地训斥孩子。

故事链接

战国时代，齐国有一个名叫淳于髡的人。他的口才很好，也很会说话。他常常用一些有趣的隐语，来规劝君主，使君王不但不生气，而且乐于接受。有一次，当他知道齐宣王准备要去攻打魏国时，便去晋见齐宣王。

齐宣王问他有什么事，淳于髡说："大王，您听过韩子卢和东郭逡的故事吗？韩子卢是天底下最棒的猎犬，东郭逡是世界上最有名的狡兔。有一天，韩子卢在追赶东郭逡，一只在前面拼命的逃，一只在后面拼命的追。结果，它们两个都跑到精疲力竭，动弹不得，全倒在山脚下死了。这个时候，正好有个农夫经过，便毫不费力地把它们两个一齐带回家煮了吃掉。"

齐宣王一听："这跟我要去攻打魏国有什么关系呀？"

淳于髡说："大王，现在齐国发兵去攻打魏国，一定不是能在短期内就可以打赢的。到头来，双方都弄得民穷财尽、两败俱伤，不但老百姓吃苦，国家的兵力也会大受损伤，万一秦国和楚国趁机来攻打我们，那不是平白送给他们机会一并吞掉齐国和魏国吗？"

齐宣王听了淳于髡的话，觉得很有道理，就停止了攻打魏国的计划。

君子爱财，取之有道

君子爱财，取之有道；贞妇爱色，纳❶之以礼。善有善报，恶有恶报❷。不是不报，日子不到。万恶淫为首，百行孝当先。

人而无信，不知其可也❸。一人道好，千人传实。凡事要好，须问❹三老❺。若争小可❻，便失大道❼。家中不和邻里欺，邻里不和说是非。

年年防饥，夜夜防盗。好学者如禾如稻❽，不学者如蒿如草❾。遇饮酒时须饮酒，得❿高歌处且高歌。因⓫风吹火，用力不多。

> 注释

❶纳：接受、享受。

❷善有善报，恶有恶报：语出佛家著作《璎珞经·有行无行品》，这里指因果报应。

❸人而无信，不知其可也：语出《论语·为政》。信，信用。其，那。可，可以，行。意思是做人却不讲信用，我不知道那怎么可以。

❹问：询问，征求意见。

❺三老：古时掌管教化的乡官，帮助推行政令，这里指德高望重的老人。

❻小可：小事情。❼大道：大道理。

❽如禾如稻：比喻像庄稼一样有用。

增广贤文

❾ 如蒿如草：比喻像野草一样无用。
❿ 得：能。⓫ 因：凭借。

解读

高尚的君子也爱钱财，但要用正当的方法去索取；对于贞节美丽的女子，要按礼仪迎娶她。干好事有好的结果，干坏事有坏的报应。善恶有时候并不是没有报应，只是时间还没到而已。一切恶行中淫乱是最坏的，一切品行中孝顺是最重要的。

一个人不讲信用，我不知道那怎么可以。只要有一个人说好，经过很多人一传，就会变成真的了。要想把事情办好，就必须向有学问、有道德的人请教。在一些小事情上争吵，便会失去大的理智。家中不和睦必受邻居欺侮，邻居不和睦必定互相搬弄是非。

每年都要防止饥荒，每天夜里都要防备有盗贼。爱学习的人像禾苗庄稼一样有用，不学习的人像蒿草一样只能作为柴烧。只要有机会喝酒就喝，只要有玩的地方就去玩。凭借风力吹火，有点力气就行。

故事链接

在我国南北朝的时候，有一个叫甄彬的人。他心地纯洁，从来都不会去占人家的便宜。

这年春荒时节，家里连柴米油盐都买不起了，还剩下一捆头年秋天收获的苎麻，本来打算织成夏布做暑天衣服用，为了糊口，只好拿到长沙寺开设的当铺里去抵押，当了钱，好买米下锅。

秋收后，甄彬凑足了钱，到当铺赎回了那捆苎麻。回家打开麻捆，发现麻捆里夹带了一个手巾包，手巾包里竟是黄澄澄的金子有五两重。

甄彬对妻子和孩子说："不该我们本分应得的东西，别说是五两黄金，就是十两，我们也不能要。依我看，这些东西还是还给人家好。"全家人听后都表示赞同。

长沙寺道人见甄彬来送还金子，才猛然想起来，那是在不久前，有人用这包金子做抵押来换钱，当时没有来得及安放，就顺手塞进麻捆里，事后居然忘了。若不是甄彬把金子交送回来，他竟不知金子是怎样丢掉的。

长沙寺的道人见金子失而复得，非常感谢甄彬，决意要把一半金子分给甄彬，可甄彬说啥也不肯接受。就这样，那道人往返十余次都被甄彬谢绝了。

甄彬对道人说："你看我这么热的天还穿着老羊皮，每天上山打柴，我如果是一个见利忘义的人，就不会像现在这个样子了。"

梁武帝还是平民百姓的时候就听说了这件事，因此，当他任益州刺史时，便任用甄彬做自己的秘书官。在当时，人们都赞扬甄彬是一个最可信任的人。

增广贤文

不因渔父引，怎得见波涛

不因渔父引，怎得见波涛。无求到处人情好❶，不饮❷任❸他酒价高。知事少时烦恼少，识人多处是非多。世间好语书说尽，天下名山僧占多。入山不怕伤人虎，只怕人情两面刀❹。

强中更有强中手，恶人须用恶人磨❺。会使❻不在❼家豪富，风流❽不用着衣多。光阴似箭，日月❾如梭❿。天时不如地利⓫，地利不如人和⓬。

黄金未为⓭贵，安乐值钱多。世上万般皆下品⓮，思量唯有读书高⓯。为善最乐，为恶难逃。

注释

❶人情好：好人缘。❷饮：这里指饮酒。❸任：任凭，哪怕。
❹两面刀：指两面三刀的人。比喻居心不良。
❺磨：折磨，纠缠。这里引申为对付。❻会使：指善于理财。
❼在：在于。❽风流：指一个人的气质。❾日月：指时光。
❿梭（suō）：梭子，一种织布的工具。
⓫天时不如地利：语出《孟子·公孙丑下》。天时，指适合作战的时令、气候。地利，指有利于作战的地形。
⓬人和：得人心，上下团结。⓭未为：并不是。
⓮下品：低的等级。
⓯唯有读书高：高，高贵，高尚。意思是世上的一切工作都没

有读书高尚。这是封建时代的观念，这种观点是不对的，因为工作没有高低贵贱之分，人是生而平等的。

解读

没有会水的渔翁帮助，怎么能下水经历风浪。不到处求人的人，人缘就好；不饮酒，随便他把酒价提高。知道的事情少烦恼也会少，认识的人多招惹的是非必多。人世间的好话都被书籍写尽了，天下有名的山多数被和尚庙宇占据。进山后，不一定怕伤害人的老虎，但在山外，却怕与那些两面三刀的人打交道，因为这种人比伤人的老虎更加可怕。

山外有山，人外有人，你强有比你更强的人；以暴易暴，以恶治恶，坏人自然会有坏人来对付。懂得生活的人，不一定需要家庭非常富裕才能过好；气质潇洒的人，也不一定要穿很多衣服才会出众。光阴快得就像是射出去的箭矢，失去就再也追不回来；日月也犹如织布机上来回移动的梭子，疾如闪电。时机好不如地理优势，地理优势不如人们团结、和睦；只要人们团结一心，和谐相处，就没有办不成的事。

黄金虽然可贵，但并不是人生最重要的东西，人的一生最不可缺少的是平安的生活和快乐的心境。世界上一切行当都是次要的，只有读书最重要、最高尚。做善事使人快乐，做坏事罪责难逃。

故事链接

鲁达是北宋时期渭州经略使帐下提辖官，一天下午，鲁达和他刚刚认的两个朋友李忠、史进三人一起到潘家酒楼喝酒时，忽然听到隔壁阁子里有人在哭泣，鲁达便叫酒店的老板将他们带过来询问原因。

店老板带进来的是姓金的父女两人。鲁达问他们为什么哭泣。金家老父说，本地有一个名叫郑屠、外号镇关西的人，前不久强占了他的女儿

增广贤文

翠莲。现在把翠莲糟蹋完又赶了出来,并强要赎身的钱。镇关西霸占翠莲时没有给过他们一分钱,现在他们无力交出镇关西所要的钱,所以在那里哭泣。

鲁达听了金家父女的血泪控诉,非常气愤,当即赠送银两,为金家父女安排出路。第二天一早,鲁达赶到金家父女住宿的鲁家客店,亲自保护金家父女逃出虎口。

然后,鲁达又来到状元桥郑屠的肉案前,先借买肉故意刁难郑屠,并挑起打斗,然后三拳打死郑屠,为民除了一害。

当地百姓见鲁达打死郑屠,纷纷叫好,都说像郑屠这样的恶人,就是要有比他厉害的人来对付他。鲁达打死郑屠后,为避官司,到五台山出家当了和尚,并取法名为鲁智深。

羊有跪乳之恩，鸦有反哺之义

羊有跪乳❶之恩，鸦有反哺❷之义。孝顺还生孝顺子，忤逆❸还生忤逆儿。不信但看檐前水，点点滴在旧窝池❹。隐恶扬善❺，执其两端❻。妻贤夫祸少，子孝父心宽❼。

人生知足何时足，人老偷闲且是闲。但有绿杨堪系马，处处有路通长安。既坠釜甑❽，反顾无益。翻覆之水，收之实难。

注释

❶ 跪乳：小羊吃奶时，前腿下跪。
❷ 反哺：小乌鸦长大后叼食喂母鸦。比喻子女长大奉养父母。
❸ 忤逆：不孝顺，不顺从。
❹ 窝池：指水滴下后形成的水窝。
❺ 隐恶扬善：语出《礼记·中庸》。隐，隐匿。扬，宣扬。意思是不谈人的坏处，光宣扬人的好处。
❻ 执其两端：语出《论语·尧曰》。意思就是讲求中庸之道。
❼ 宽：放心，保持心情舒畅。
❽ 釜甑（zèng）：都是古代炊煮器具。

解读

幼羊跪着吃奶，小乌鸦会衔食哺母，禽与兽都知报恩，而人更应知父母恩，恪尽孝道。自己孝顺父母，生下的儿子也一定孝顺长辈；自己忤逆不孝，生下的儿子也不会孝顺。不信请看屋檐下的水，每一滴都落到旧的坑窝里。不揭露别人的坏处，宣扬别人的好处，应当掌握住这两个方面。妻子贤惠丈夫就少遭祸患，儿子孝顺父亲就心情舒畅。

人一辈子也不会知足，老了能挤点时间就挤点时间清闲一下。哪里都有拴马的树，条条路都可以通向长安城。事情到了无法挽回的地步，反悔也没有用处了。水已经洒了，怎么可能再收起来呢？

故事链接

尧从16岁开始治理天下，已经做了70年的首领了。到86岁那年，尧想要找一个人来接替他，于是向各地发出公告，号召人们推荐贤能的人。没过多久，人们就推荐虞舜做他的继承人。

据说虞舜的父亲双目失明，母亲早就去世了。盲人父亲又娶了一个妻子，也就是虞舜的后母。后母生了个儿子，取名叫象。象好吃懒做而且非常傲慢，经常在父母面前说异母哥哥虞舜的坏话。虞舜并不介意这些事。他十分孝顺自己的瞎父亲，对待后母和异母弟弟象也很好。

尧听了人们的介绍，决定先考验考验虞舜。他把自己的两个女儿娥皇和女英都嫁给了虞舜做妻子，并派虞舜到各地去同群众一起干活。

虞舜结婚以后，带着两个妻子一起去种地干活，同时依旧孝顺父母，关心弟弟。大家都说他是个好儿子、好丈夫、好哥哥。虞舜每到一个地方，人们都紧紧跟随着他，拥护他。

虞舜的瞎爸爸和弟弟象听说虞舜得到这么多东西，又起了坏心。有一回，虞舜的瞎爸爸叫舜修补粮仓的顶。当舜用梯子爬上仓顶的时候，瞎爸爸就在下面放起火来，想把舜烧死。舜在仓顶上一见起火，想顺梯子下来，但梯子已经不知去向。

幸好舜随身带着遮太阳用的笠帽。他双手拿着笠帽，像鸟张翅膀一样跳下来。笠帽随风飘荡，舜轻轻地落在地上，一点儿也没受伤。

　　虞舜的瞎父亲和象并不甘心，他们又叫舜去掏井。舜跳下井去后，瞎爸爸和象就在地面上把一块块土石丢下去，想把井填平，把舜活活埋在里面。没想到舜下井后，在井边掘了一个孔钻了出来，又安全地回家了。

　　象不知道舜早已脱险，得意洋洋地回到家里，去了舜的屋子。哪知道，他一进屋子，舜正坐在床边弹琴呢。舜若无其事地说："你来得正好，我的事情多，正需要你帮助我来料理呢。"

　　以后，舜还是像过去一样和和气气地对待他的父母和弟弟，瞎爸爸和象也不敢再暗害舜了。唐尧听说虞舜这样宽宏大量，对他更加放心了，就把治理天下的大权交给了他。这就是历史上的"尧舜禅让"。

　　虞舜行使治理大权，把各种事情办理得井井有条，天下的人都十分佩服他。

增广贤文

见者易，学者难

见者易，学者难。莫将容易得，便作等闲①看。用心计较般般错，退步思量事事宽。道路各别②，养家一般③。

从俭入奢易，从奢反俭难。知音④说与知音听，不是知音莫与弹⑤。点石化为金，人心犹未足。信了肚⑥，卖了屋。

他人观花，不涉你目。他人碌碌，不涉你足。谁人不爱子孙贤，谁人不爱千钟⑦粟。奈五行⑧，不是这般题目。

注释

❶ 等闲：随随便便，轻易。❷ 别：差别，不同。

❸ 奢：奢侈，铺张浪费。

❹ 知音：泛指知己。第一个"知音"指知心的话。第二、三个"知音"指知己的人。

❺ 弹：原意是弹琴，这里通"谈"，即交谈、交流。

❻ 信了肚：满足了肚子的需求。指大吃大喝。

❼ 钟：春秋时齐国的公量，1钟为640升。

❽ 五行（xíng）：指金、木、水、火、土。

解读

看着觉得容易，学起来就觉得难了。不要把容易得来的东西，看成平常的事，里面蕴藏着心血与汗水。只要用心想一想，就可以发现，世界上的事情错综复杂，没有不难的事。可是你若是处处斤斤计较，反而会步步走错；但如果你能万事都退一步，则会感觉海阔天空，事事如意。因此，我们遇事一定要小心应付，谨慎思考。每一个人走的道路也许各有不同，但大家维持生活的方法都是一样的。

从勤俭到奢侈与享受是很容易的，但要从奢侈、享受再到艰苦，那就很难了。彼此了解的人容易交流，话不投机，就没有必要在一起空谈。即使有了点石为金的法术，人的贪心仍然不会满足。满足了肚子的需求，却把房子卖了，卖了就没办法了。

别人观赏花景，与你的眼睛没有关系。他人忙忙碌碌，与你的脚步也没有联系。哪个不喜欢儿孙贤能，谁不喜爱家藏万贯。无奈五行八字中没有这样的运气。

故事链接

战国时期，赵国有一个将军名叫赵括，他在很小的时候就习读兵书，但喜欢夸夸其谈。有时，就连他的父亲、赵国的大将赵奢都很难驳倒他。但赵奢坚持认为赵括并无真才实学。

公元前260年，秦国发兵侵略赵国，赵国的新君赵孝成王派老将廉颇迎战。廉颇一看秦军太强大了，就在长平固守，一守就是三年。

秦军远道而来，本想速战速决。现在，廉颇坚守不出，一时无法取胜，就派人到赵国去散布谣言，说廉颇老了，胆也小了。如果派赵括担任主将，秦军必败。

赵王果然中了计，立即起用赵括做主将。赵括到了长平后，接过了帅印，立即改变了廉颇的兵力部署，一切按兵书上写的去做。这时，秦国也换了主帅，任命白起为上将军。白起这个人物可不一般，他曾带领秦军转战韩国、魏国、楚国，屡战屡胜。

不讲实际的赵括，此时却改坚守为速战，主动出城与白起硬拼，白起对脱离有利阵地的赵军予以分割包围。

40多天后，赵军粮尽援绝，军心涣散。赵括率领一支精兵突围，还没冲出多远，就被秦兵乱箭射死。主将一死，群龙无首，赵国40万大军随后全部投降了秦军。白起一看这么多的俘虏，怕看押不住，就把赵国的40万将士全部都活埋了。

长平之战，由于赵括只会"纸上谈兵"，而不从实际出发，最终导致了赵军惨败。

莫把真心空计较，儿孙自有儿孙福

莫把真心空计较[1]，儿孙自有儿孙福。天下无不是[2]的父母，世上最难得者兄弟。与人不和，劝人养鹅；与人不睦，劝人架屋。

但[3]行好事，莫问前程。不交僧道，便是好人。

河狭[4]水激[5]，人急计生[6]。明知山有虎，莫向虎山行。路不铲不平，事不为[7]不成。人不劝不善，钟不敲不鸣。

无钱方断酒，临老始看经。点塔七层，不如暗处一灯。堂上二老[8]是活佛，何用灵山[9]朝世尊[10]。万事劝人休瞒昧，举头三尺有神明[11]。但存方寸土[12]，留与子孙耕。

注释

[1] 空计较：枉费心机。[2] 不是：不好，错误。[3] 但：只管。
[4] 狭：狭窄。[5] 激：湍急。
[6] 人急计生：语出《东周列国志》。计，方法。[7] 为：做。
[8] 二老：指父母双亲。[9] 灵山：传说佛祖居住的地方。
[10] 世尊：即佛祖，教徒对于释迦牟尼的尊称。
[11] 神明：神灵，神的总称。[12] 方寸土：指一片善良的心。

解读

不要计较和操劳，儿孙自有儿孙福气。天下没有不对的父母，因为父

增广贤文

母做的一切都是为了孩子好。世上最难得的是兄弟，因为一母同胞的兄弟不是人人都有的。劝人养鹅、修建房屋，看似好心，实则别有用心。

只管多行善事、多做好事，个人前途、富贵不必刻意追求。不同和尚、道士交朋友，就表明他是个好人。

河道狭窄水流自然急，关键时刻人则会急中生智，想出办法。已经知道山上有老虎，就不要再去送死了。路再短，你不走就不可能到达目的地；事再容易，你不去做就不可能办成。人只有不断地听取他人的劝说，才会不断地完善自己，就和钟不敲就不可能自己响是一样的道理。

有些人觉悟太晚，没有钱了才不喝酒，到老年了才读佛经。在七层高塔上点灯，不如在暗处点一盏灯对人更有益。家里的父母二位老人就是活佛，何必到灵山去朝拜佛祖呢！许多事实告诉人们不要背着人做昧良心的事，天上的神灵对这一切都是一清二楚的。只存下一片善良的心，留给子孙去继承吧。

故事链接

春秋时吴国大将伍子胥去攻打郑国。郑国大乱，郑定公想用丰厚的奖赏来招募勇士抗击。但三天过后，竟无人来应征。到了第四天早上，有个打鱼的小伙子来见郑定公，说他有方法使伍子胥退兵。

郑定公问他要多少兵车。他说，不用兵车，也不用粮草，光凭我这支划船的桨，就能让吴国退兵。郑定公决定让他去试试。那个打鱼的人胳肢窝里夹着一根桨，到吴国兵营里去见伍子胥。

吴军将小伙子捉住，作为奸细押至中军大帐。小伙子毫无惧色，高声唱道，"芦中人，芦中人，腰间宝剑七星文，不记渡江时，麦饭鲍鱼羹？"

伍子胥见了问他是谁，小伙子说："我父亲全靠这根桨过日子，他当初也是靠这根桨救了你的命。"

伍子胥这时才想起当年自己芦花渡口逃难的情形，十分感激那个打鱼的老大爷救命之恩。

小伙子又说："我们国君下了命令：'谁能够请将军退兵，就有重赏。'不知将军肯不肯看在我死去父亲的情面上，饶了郑国，也让我能得些奖赏。"

伍子胥说："我非常感谢你父亲的大恩，我有今天全是你父亲的恩德，我怎么会不感恩图报呢？"说完就下令退兵了。

灭却心头火，剔起佛前灯

灭却心头火❶，剔❷起佛前灯❸。惺惺❹常不足，懵懵❺作公卿。众星朗朗❻，不如孤月独明。兄弟相害，不如友生❼。

合理可作，小利莫争。牡丹花好空入目❽，枣花虽小结实成❾。欺老莫欺小，欺少心不明。随分❿耕锄收地利⓫，他时⓬饱暖谢苍天。

得⓭忍且忍，得耐且耐。不忍不耐，小事成大。相论逞英雄，家计⓮渐渐消。贤妇⓯令夫贵，恶妇⓰令夫败。

注释

❶ 心头火：心里的欲望之火。❷ 剔：挑，点。
❸ 佛前灯：指佛殿里佛像前点的长明灯。
❹ 惺惺：语出《西厢记》："惺惺自古惜惺惺。"这里指聪明机警、智慧超群的人。
❺ 懵懵：糊涂的人。❻ 朗朗：形容明亮。❼ 友生：朋友。
❽ 入目：观赏，观看。❾ 结实成：结成果实。
❿ 随分：根据时节。⓫ 地利：庄稼粮食。
⓬ 他时：收获的时候。⓭ 得：能，能够。
⓮ 家计：家产，钱财。⓯ 贤妇：贤良淑德的妻子。
⓰ 恶妇：缺乏道德修养的妻子。

解读

灭掉心头的欲火，点亮佛前的明灯。绝顶聪明的人常常得不到施展才能的机会，昏庸愚蠢之辈却能做朝廷高官。再多的星星，也不如一个月亮明亮。兄弟相互残害，不如朋友互相帮助。

只要符合礼义的事就去做，不要只顾争小利而害大局。牡丹花再好，也只不过是让人观赏罢了；枣花虽不起眼，却能结出实实在在的果实。既不要欺负老人也不要欺负小孩，欺负人的人心里是不干净的。按季节种植庄稼，得阳光雨露的滋养，丰收不忘耕耘者，不忘苍天雨露情。

忍字心头一把刀，忍是一种大境界，遇事能忍，才能化险为夷；遇事能让，才能事事平安。遇事不冷静不忍耐，小事会变成大事，大事会酿成灾祸。家庭成员之间争强好胜，虚荣自私，家庭就会慢慢衰败，好日子会渐行渐远，家庭成员也会彼此生分。贤惠的妻子会让丈夫有自信、有地位，能够帮助丈夫事业成功；撒泼的恶妇会让丈夫自卑、堕落，会导致丈夫一事无成。

故事链接

韩信幼年丧父，家境十分贫寒。10多岁时，母亲又暴亡。从此，韩信开始过着寄人篱下的生活。韩信家境虽然不好，但在乡风的影响下，从小不但喜读诗书，更兼通兵法。但在暴秦的统治下，他的才能难以发挥，只能在淮水边垂钓或是游荡街头打发日子。

有一天，韩信佩剑在集市上游荡，被淮阴城里5个有名的地痞围住，为首的自称是"屠中少年"。韩信平素最了解他们的为人，所以根本无意与他们纠缠，便用平缓的口气问道："你们为何要围着我，想干什么？"

屠中少年轻蔑地说道："别看你外表长得高高大大，又喜欢舞刀弄剑的,其实你就是个胆小如鼠的家伙!你要是不怕死,就用剑来刺我。你若是个怕死的胆小鬼,就从我的胯下爬过去,我可以给你一条生路。"说完,他双手叉腰,叉开双腿,一副洋洋自得的样子。

此时的韩信已是怒火中烧,他手按着佩剑,真想同他们拼个你死我活。可是,他还是冷静了下来,心想:自己壮志未酬身先亡,何以使百姓摆脱暴秦统治之苦?男子汉大丈夫应该能伸能屈,荣辱岂在一时?

想到这里,韩信按捺住胸中怒火,慢慢地俯下身,从屠中少年的胯下爬了过去。韩信受胯下之辱的消息立刻传遍了整个淮阴城。从此,人们都羞辱他为"胯夫"。

韩信每每听到这个称呼,心里都充满悲愤。他对苍天发誓,定要实现灭秦的抱负,洗刷这奇耻大辱。

公元前209年,秦末农民起义爆发,韩信先后追随项梁、项羽南征北战,最后又归到了刘邦的麾下,被任命为大将军,帮助刘邦击败项羽。刘邦建汉以后,韩信被封为楚王,定王城于下邳,即今江苏省邳州东。

韩信到封地后,召见了曾使他受胯下之辱的屠中少年。那少年见到韩信,惊恐万状,忙跪在地下连连叩头,请求饶命。

韩信不但没有杀他,还任命他为楚国的中尉,负责捕捉盗贼,维持治安。此时的屠中少年,已经羞愧得抬不起头来。他怎么也没有想到,今日会落到韩信手中,不但没有丧命,还被委以重任。他情不自禁地趴在地上连连磕头谢恩。韩信忍胯下之屈辱,终成一代名将。

一人有庆，兆民咸赖

一人有庆①，兆民②咸③赖④。人老心未老，人穷志莫穷⑤。人无千日好，花无百日红⑥。杀人可恕，情理⑦难容。

乍⑧富不知新受用⑨，乍贫难改旧家风。座上客常满，樽⑩中酒不空。屋漏更⑪遭连夜雨，行船又遇打头风⑫。

笋因落箨⑬方成竹，鱼为⑭奔波始化龙。记得少年骑竹马⑮，看看又是白头翁⑯。

注释

① 庆：指喜庆或值得庆贺的事。② 兆民：指众多的人。
③ 咸：都。④ 赖：依赖，沾光。⑤ 穷：短。
⑥ 红：花开放的颜色，这里指盛开。⑦ 情理：法理。
⑧ 乍：突然。⑨ 受用：享用。⑩ 樽（zūn）：酒杯。
⑪ 更：恰巧，又。⑫ 打头风：逆风。
⑬ 箨（tuò）：指竹笋外面一层一层的皮。⑭ 为：因为，由于。
⑮ 竹马：儿童当马骑的竹竿。⑯ 白头翁：指白发苍苍的老人。

解读

一个人成功了，大家都会感到有了依靠。人虽然老了，但他的心不能老，一个人的生活可能会暂时贫穷，但他的志气不能穷，这样才会有出头之日。每个人的生活都不可能一帆风顺，总会遇到一些坎坎坷坷，就如同花儿也不可能会长久地保持鲜艳的色彩，季节一到也会枯萎一样。即使有难言的原因不得已而杀害了人，大家可以宽恕你，但是法理不容，法不容情。

一下子富起来，不知该如何享用；而突然贫困下去，却很难改变原有的享受习惯。家道富足的人，家里常常会高朋满座，餐餐酒杯里都会斟满美酒。屋子本来就破烂不堪，恰恰又碰上了连阴雨；航船本来在逆水行驶，偏偏又遭遇了大风，真可谓是祸不单行，福无双至。

笋因为掉下一层层皮才成为竹子，鱼正因为有了不停奔波的经历，才有了成龙的机会。至今常记起少年骑竹马时的快乐情景，但转眼间，头发已经白了。

故事链接

西汉末年，扶风郡中有一个壮士名叫马援，他不仅知书识礼，而且精通武艺，他哥哥死的时候，马援持服行丧，侍奉寡嫂，恭敬尽礼非常周到。

后来他做扶风郡督县官，奉命押送一批囚犯。一路上他看到囚犯们痛苦不堪的表情，不觉动了恻隐之心，把那批囚犯都放了，自己则逃亡到北方去。

马援在北方放牧，因为很有本事，养了几千头牲畜，马援常说："大丈夫为志，穷当益坚，老当益壮。"他把赚来的钱全都分给亲友，自己只穿破羊皮裤。

王莽末年，马援在东汉做大将，被派去屯田，立下了很多功劳。恰遇到南方交趾有女王聚兵造反，攻打边疆州郡，马援请命带兵出征，光武帝于是封他为伏波将军。马援带了水、陆各军，浩浩荡荡地出发了，沿海进攻交趾。交趾军打不过他们,一败涂地。汉军乘胜直击交趾巢穴,女王退到一个山洞里,被汉军捉住杀了,马援平定了交趾。

后来洞庭湖一带又发生了五溪蛮人作乱的情况,马援知道了,就向光武帝上禀,表示愿意自请带兵出征。光武帝说:"你年纪太老了吧!"

马援道:"我虽然60多岁了,却还能披甲上马,不能算老。"

马援穿好甲胄一跃登鞍,非常自豪,觉得自己还可以为国效劳。光武帝称赞他道:"这个老人家,真是老当益壮啊!"就这样,光武帝又派这位老将军率领汉军为国立功去了。

增广贤文

礼义生于富足，盗贼出于贫穷

礼义①生于富足，盗贼出于贫穷。天上众星皆拱北②，世间无水不朝东③。君子安贫，达人④知命。

良药⑤苦口利于病，忠言逆耳⑥利于行。顺天⑦者存，逆⑧天者亡。人为财死，鸟为食亡。夫妻相合好，琴瑟⑨与笙簧⑩。

注释

① 礼义：道德规范。② 拱北：谓众星围绕北极星。
③ 朝东：向东流入大海。④ 达人：指懂得大道理的人。
⑤ 良药：有治疗效果的药物。⑥ 逆耳：刺耳。
⑦ 天：天命，这里指自然规律。⑧ 逆：违背。
⑨ 琴瑟：乐器。琴和瑟一起合奏，声音和谐，常以此比喻夫妻感情融洽。
⑩ 笙簧：笙是一种管乐器，簧是乐器中发声的薄片。

解读

懂礼义的人，多出自于家庭富裕的人家，打家劫舍的盗贼则是由于生活贫困后无可奈何而为。天上闪烁的星星，都是环绕着北斗星而有规律地排列，世界上的所有河流，最后都要流向东边的浩瀚大海。品德高尚的人一般都能安于本分、守于贫困，通情达理的人大多能够知晓天命，明事理辨是非，对于任何事情都有自己的主观见解。

良药虽然喝着是苦的，但却能治疗人的疾病；忠言虽然刺耳，但却有利于一个人的行动。一切遵从天命的人会过得很好，但如果逆天行事，不按自然规律办事，就必然会自取灭亡。人辛辛苦苦一辈子，无非就是为了挣钱生活；鸟儿忙忙碌碌一生，也不过是为了觅食保命。夫妻之间应该像琴瑟那样，永不分离；更应该像笙簧那样配合默契，这样才能比翼双飞，相伴到老。

故事链接

孔子被困在陈国与蔡国之间，接连七天不能烧火做饭，用野菜做的汤里面连一个米粒也没有，生活的困顿，使他的神色显得有些疲惫，但是，他仍然在屋里抚琴唱歌。

弟子颜渊正择着野菜，他听到子路、子贡说："老师两次被从鲁国驱逐出来，隐退到了卫国，后来到宋国讲学，又差一点丢了性命。还曾经在周地遭受困顿，现在又被围困在这里了。可是，咱们的老师还是抚琴唱歌，君子难道就这样不把羞耻当回事吗？"

颜渊无法回答这个问题，就进去对孔子说。孔子把琴推到一边，长叹了一声说："你去把他们叫进来，我跟他们说说。"

子路和子贡进来了。子路有些愤愤不平地说："我们为了传道，遭受这样的困境，简直到了走投无路的地步，这样做有什么意义吗？简直不值得去做啊！"

孔子说："怎么能这么说呢？君子能够通达道义就叫作'通（左右逢源）'，不能通达道义才叫作'穷（走投无路）'。现在，我孔丘虽然在这样的乱世之中遇到忧患，但是，这是因为坚持仁义之道所致。如果因为遇到忧患就放弃仁义之道，还能算君子吗？既然有君子之道，就不能说是走投无路啊。"

子路和子贡认真地听着，两人互相用眼睛余光扫了对方一下。颜渊默默地听着。孔子接着说："既然要推行君子之道，就要在心中永远坚持道义，无论遇到任何情况都不违背道义，即使遇到灾难也不失去道德原则。贫困是对我们能否坚持道义的一种考验啊！"

有儿贫不久，无子富不长

　　有儿贫不久，无子富不长①。善必寿老②，恶必早亡。爽口食多偏作病，快心事过恐生殃。富贵定要安本分，贫穷不必枉思量③。

　　画水④无风空作浪，绣花虽好不闻香。贪他一斗米，失却半年粮。争他一脚豚⑤，反失一肘羊⑥。龙归晚洞云犹湿⑦，麝⑧过春山草木香。

　　平生只会量人短，何不回头把自量⑨。见善如不及⑩，见恶如探汤⑪。人贫志短，马瘦毛长。

注释

❶ 有儿贫不久，无子富不长：生了儿子，即使家里穷，也会很快富起来。相反，没有生儿子，即使家里富裕，也会很快衰败下去。这种说法带着作者那个时代的局限性。在当今这个时代，男女平等，生儿生女都一样。

❷ 寿老：长寿。

❸ 贫穷不必枉思量：贫穷的人就不要枉费心机了。这句话是"死生有命，富贵在天"的翻版，也是一个极端错误的观点，它宣扬的是"穷人永远是穷人，富人永远是富人"的封建思想，实际上，它与本文的某些观点也是相对的。因此，我们在学习这本书好的一面的同时，也应该擦亮眼睛，辨别、剔除其糟粕。

❹ 画水：画中的水。 ❺ 脚豚：猪蹄。豚，小猪。

增广贤文

❻ 肘羊：羊腿。❼ 云犹湿：云彩里还带有浓重的水分。

❽ 麝（shè）：一种像鹿的动物。雄麝腺囊能分泌麝香，有特殊的香味。麝香也是一味能治病的中药。

❾ 量：思量，打量。❿ 及：达到，做到。

⓫ 见恶如探汤：汤，热水、沸水。这句话的意思是遇到不好的事情要像是手放进开水里一样，马上缩回来，坚决不能参与。

解读

有了儿子，贫穷不会长久，没有儿子富了也不长久。常怀善念，多做好事，就能天长地久寿命长；干尽坏事，多行不义必然会自寻死路早夭亡。爽口的食物吃得太多，容易生病；一个人高兴过头了，容易遭殃。富贵之人一定要安于本分，贫困的人也不要枉费心机。

画中的风浪虽然很大，却永远也不会移动；布上绣的花儿再鲜艳，同样也闻不到芳香。为人永远不可以贪婪，因为你有时贪图他人的一斗小米，往往会损失自己半年的粮食。你费尽心力地争夺来别人的一小只猪蹄，反过来却会失去自己的一大肘子的羊肉。腾飞的龙回归洞里后，云彩还沾着龙带来的湿气，奔跑的雄麝虽然走过去了，但草木上还留有麝香的香气。

有的人一辈子只会揭别人的短处，看见别人的错误，为什么不回过头来看看自己有什么缺点呢？看见善良的行为，要唯恐自己比不上，才能增长德行；看见丑恶的行为，要远离不效仿，才能远离罪恶。穷人由于生活困顿，衣食无着，一般都难以有远大的志向，瘦马由于缺少营养，常常显得身上的毛格外长。

故事链接

淳于髡是入赘到齐国的女婿，身高不足七尺。按当时尺寸，是个身材矮小的人。他非常善辩，喜好喝酒，多次受命出使各诸侯国，总是能够出色地完成使命，很受齐威王的赏识。

齐威王也很喜欢喝酒，经常一喝就是一个通宵，不免疏忽了很多国家大事。在喝酒问题上，淳于髡想劝谏齐威王，却一直没有找到合适的机会。

有一次，楚国举兵攻打齐国，齐威王派淳于髡出使赵国请求援助。淳于髡说服赵王，借来精兵十万。楚国见到这种状况，不得不撤兵。

齐威王非常高兴，特意在后宫备酒宴，为淳于髡庆功。淳于髡正想利用这个机会劝谏齐威王喝酒，便欣然前往。席间，齐威王问："听说先生海量，那么能喝多少酒呢？"

淳于髡回答："一斗也醉，一石也醉。"

齐威王觉得奇怪，忙问这是什么原因。

淳于髡解释说："有约束的时候，喝得少，这样喝得少也算醉了；无约束的时候喝得多，所以直到一醉方休。但酒喝多了，就容易出乱子，享乐到了顶点，就会走向反面，出现可悲的结局。天下万事都是这样，过了就会走向它的反面。"

齐威王知道淳于髡是在用"乐极生悲"的典故来劝诫自己，于是高兴地说："你说得好。"

自家心里急，他人未知忙

自家心里急，他人未知忙。贫无达士①将金赠，病有高人②说药方。触来莫与竞③，事过心清凉④。

秋至满山多秀色，春来无处不花香。凡人不可貌相⑤，海水不可斗量。清清之水为土所防⑥，济济⑦之士为酒所伤。蒿草⑧之下，或有兰香⑨。茅茨⑩之屋，或有侯王⑪。无限朱门⑫生饿殍⑬，几多白屋⑭出公卿。

注释

❶ 达士：豁达仗义的人。❷ 高人：医术高的人。

❸ 竞：竞，竞争，争吵、争执。❹ 清凉：清新舒畅。

❺ 貌相：从长相上去判断、评判。

❻ 为土所防：防，拦挡。被不起眼的土阻挡。

❼ 济济：形容人多。

❽ 蒿草：一种植物，有很多种类，包括细竹、萎草等，部分品种可食用，多有香味或异味，常用于配料。

❾ 兰香：兰草，属兰科，是单子叶植物，为多年生草本，味辛平，气芳香，它的花素而不艳，亭亭玉立，长久以来，备受中国人的喜爱。

❿ 茅茨：茅草。⓫ 侯王：即王侯，指栋梁之材。

⓬ 朱门：用朱红色漆漆成的大门，泛指豪门贵族。

⓭ 饿殍：饿死的人。 ⓮ 白屋：用茅草覆盖的屋，指贫穷人家。

解读

遇到了重大的事情，只有自己的心里才会着急，别人不可能知道你会有什么心情，更不会替你着急。一个人若是贫穷了，一般不会有哪个好心人来给你雪中送炭；但如果要是有人生了重病，却会有医术高明的人来告诉你治病的良方。当别人触犯你的时候，心态要平静，尽量不要与人家争论，等时间久了，事情过后，心情自然会平静下来。

秋天到了，漫山遍野都会充满秀丽的景色；春天来临，四面八方都会散发着醉人的花香。观察问题要客观全面，看人不能只看他的表面如何，就像海水是不能够用斗去衡量一样。

清澈见底的河水，虽然能够随心所欲地四处流淌，但却会被一堆丑陋不堪的黄土阻挡住的去路。无数的英雄好汉，能够创造令世人瞩目的卓越业绩，却往往会被毫不起眼的酒色伤害自己的身体。质朴芜乱的蒿草下，可能长着芬芳袭人的兰草；残破低矮的茅屋里，也许住着未来的栋梁之材。许多豪门贵族之家出现饥寒交迫的下人，但有几家茅草房里出来的穷人能够当上高官呢？

故事链接

从前，有位王大人，他有三个儿子和三个儿媳，三个儿媳中数三儿媳最丑，大家都叫她丑姑，可是又数她最聪明。一次，王大人为了考考三个媳妇，给她们出了一个哑谜，让她们回娘家给他拿个纸包火，再用布兜风回来。

几天后，大儿媳和二儿媳都愁眉苦脸地空手而归，只有丑姑带回来一个纸糊的灯笼和一把布面扇子。这正是王大人所要的，从此丑姑聪明就出

增广贤文

了名。过了几年，王大人在朝中遇到了难题，皇帝让他在一月之内将海水全都变成酒。

王大人没了主意，急出病来了。这时，丑姑对他说："公公，你别怕，明天你带我上朝，我有办法。"

王大人实在是没有别的办法，只好带丑姑上朝，面见皇上。

丑姑见了皇上说："皇上，你让我公公把海水变成酒并不难，但你得先派个人把海水用斗量一量，看看共有多少斗，这样我们才能用同样的斗数去换。"

皇帝一听就愣了，心中暗想：这海水怎么能用斗量呢？

再看眼前这女子虽丑，却大胆机灵，不禁随口说道："人不可貌相，海水不可斗量啊！"皇帝接着又夸王大人娶了个好儿媳，并给他官升一级。

醉后乾坤大，壶中日月长

　　醉后乾坤①大，壶中日月②长。万事皆已定，浮生空自忙。千里送鹅毛，礼轻仁义重。世事明如镜，前程暗似漆。

　　架③上碗儿轮流转，媳妇自有做婆时。光阴黄金难买，一世如驹过隙④。良田万顷，日食一升⑤。大厦千间，夜眠八尺。千经万典，孝⑥义⑦为先。

　　一字⑧入公门⑨，九牛拖不出。衙门八字开，有理无钱莫进来。富从升合起，贫因不算⑩来。家中无才子，官从何处来。

注释

①乾坤：指天地。②日月：指时间。③架：指橱柜。

④如驹过隙：像小白马在细小的缝隙前一闪而过一样。形容时间过得很快。

⑤升：我国古代计量单位，十升为一斗，十合为一升，一升米大约是两公斤。

⑥孝：对父母尽心奉养并顺从，这是中华文化传统提倡的伦常关系。

⑦义：公正合宜的道理或举动，是儒家倡导的伦理道德。

⑧一字：指很微小的事情。⑨公门：衙门。

⑩算来：打算，计划。

增广贤文

解读

喝醉以后觉得世界比平时广大，进到神仙的酒壶里别是一番天地。一切事情都是命中注定的，人们却一生奔波空忙一场。千里送来一根雪白的鹅毛，礼物虽轻，但却情深义重。眼前的事情一切都十分清楚，但以后的前程却一片黑暗。

橱柜里的饭碗轮流替换，今日的媳妇早晚会当成婆婆。黄金再多难买光阴，人生在世转眼即逝，所以，我们千万不要虚度光阴，浪费时间。家有良田万亩，每天也不过吃一升米。即使有大厦千间，一个人也只能睡八尺长的地方。不管有什么样的经典，忠孝仁义都是首要的。

人一旦进了官署，九头牛也拉不回来了。告状、打官司，不管有理没理，没有钱通融就不要去了（讽刺当时封建官僚的腐朽）。要想富裕，必须要从小事做起，要有计划，贫穷的家庭，一般都是因为缺少计划造成的。家里若是没有有才能的人，那么，你的官位从哪里来呢？

故事链接

刘伶，字伯伦，魏晋时期沛国（今安徽淮北濉溪）人。他身高只有六尺，合今1.41米，面容丑陋，其貌不扬。他恬淡少语，朋友很少。但自从遇到阮籍、嵇康后，立即结为至交，携手入林，成为竹林七贤之一。

刘伶嗜酒如命，不治家产，以喝酒为人生要务，自得其乐。他经常坐着一辆小车，带着一壶酒，东游西逛，旁若无人。每每叮嘱跟随他的人，走时带一把木锹，喝酒醉死便就地将他埋掉。

有时在屋中喝酒，他便脱光衣服，赤裸着身体也毫不在乎。有人讥笑他，他便反驳道："我把天地当作房屋，把房屋当作裤子，你们这些人无缘无故钻到我的裤裆里做什么？"

刘伶喝酒没有节制，妻子无法忍受，便把酒具砸烂，痛哭流涕地劝他："你酒喝得太多，对身体不好，一定要戒掉。"

刘伶也不生气，顺着说："好吧，不过我酒瘾太大，自己恐怕戒不了，只能求告鬼神帮忙。你马上为我准备酒肉，我要对神发誓。"

妻子信以为真，按他的吩咐准备妥当。没想到刘伶跪下却说："天生刘伶，以酒为名。一饮一斛，五斗解酲。妇儿之言，慎不可听。"说完，喝酒吃肉，豪饮完毕，烂醉而眠。

刘伶也当过官，叫建威参军。泰始年间还曾提出过无为而治的政治主张，但因未被采纳，从此即喝酒买醉，至罢官回家后，更加变本加厉。

泰始二年，即公元266年，朝廷派特使征召刘伶再次入朝为官。而刘伶不愿做官，当他听说朝廷特使已到村口时，赶紧把自己灌得酩酊大醉，然后脱光衣衫，朝村口裸奔而去。

朝廷特使本来满怀希望地想来征招一个名士为官，但当看到这样一个放荡不羁的人时，深觉其只不过是一个酒疯子而已，于是只好遗憾地作罢。刘伶最终一生不再出仕，老死家中。

刘伶好老庄之学，在生活上不拘礼法，他的好酒，他的以酒言悲，完全通过自己的行为表现出来。表面上看来，他如同酒鬼，实际上这是他骨子里崇尚自然、"无为而治"理念的再现，也是他独立人格和反抗精神的一种表达。

| 增广贤文

万事不由人计较，一生都是命安排

　　万事不由人计较，一生都是命安排。人间私语❶，天闻如雷；暗室亏心❷，神目❸如电。

　　急行慢行，前程只有多少路。一毫之恶，劝人莫作。一毫之善，与人方便。欺人是祸，饶人是福。天眼昭昭❹，报应甚❺速。

　　圣贤❻言语，神钦鬼服❼。人各有心❽，心各有见❾。口说不如身逢❿，耳闻不如目见。养军千日，用在一朝。

注释

❶私语：私下说的话。

❷暗室亏心：语出元代张养浩《折桂令》曲："暗室亏心，纵然致富，天意何如。"意思是在暗中做见不得人的亏心事。

❸神目：神灵的眼睛。❹昭昭：明亮。❺甚：极，非常。

❻圣贤：圣人和贤人。指古代具有高尚道德修养的人。

❼神钦鬼服：钦，钦佩。服，佩服。鬼神都佩服。

❽心：思想。❾见：见解。❿身逢：指亲身经历。

解读

　　世上万事不用人去操心费力，人的一生都是命运安排的。人间的私房话，上天听来像雷一样响。在暗地里做亏心事，神的眼睛像电光一样看得清清楚楚。

无论你是急行，还是慢走，你的前程都不会有大的改变。劝人不要做一点坏事，但应做点好事，给人带来好处和方便。伤害人会带来灾祸，宽恕却能给人带来福分。天道广阔，但对恶人的报应却很快。

圣人的名言，鬼神都敬重、服气，我们更应该信服。每个人都有自己的思想，他们对事物的理解也各有不同。口说不如亲自去做，耳听不如亲眼去看。长期供养训练军队，为的就是有一日会用兵打仗。

故事链接

杨震，字伯起，弘农华阴人，东汉时期名臣，隐士杨宝之子。他少年时代聪颖好学，博览群书，被当时的读书人称为"关西的孔夫子"。

杨震多年客居于湖县，一边读书一边教学生。州郡的官员久闻他的德才，曾多次召他出来做官，都被他谢绝了。直到50岁那年，大将军邓骘听说他贤明，举荐他做了官。

杨震官居荆州时，发现王密才华出众，便向朝廷举荐他当了昌邑县令。后来杨震升任东莱太守，赴任途中路过昌邑。王密听说立即亲赴郊外迎接恩师，安顿食宿，照应得无微不至。

晚上，王密独自前往杨震下榻的寓所。王密见室中无人，从怀中取出十斤黄金对杨震说："承蒙恩师举荐，学生才有今日，今天特备小礼，以报恩师栽培之恩！"

"不可，不可！"杨震见状，连连摆手拒绝。并说："我推荐你，是看中了你的才华，并无半点私情。"

王密虽遭拒绝，但仍然力争说："现在夜深人静，这事无人知道，请您放心收下吧。"

杨震听罢，脸色顿时沉了下来，声色俱厉地说："你送金与我，人怎

增广贤文

么会不知道？即使没人知道，也有天知地知、你知我知！"

几句话说得王密羞愧满面，只好把黄金收了起来。杨震后来一再升职，但他始终保持了洁身自好、廉正无私的品格。

他为官正直，不屈权贵，又屡次上疏直言时政之弊，因而为中常侍樊丰等所忌恨。延光三年（124年），他被罢免，又被遣返回乡，途中饮鸩而卒。汉顺帝继位后，下诏为其平反，使他得享美誉。

国清才子贵，家富小儿娇

国清才子贵①，家富小儿娇。利刀割体痕易合，恶语伤人恨不消。公道世间唯白发，贵人头上不曾饶②。有钱堪③出众，无衣懒出门。

为官须作相，及第④必争先。苗从地发⑤，树向枝分。父子和而家不退⑥，兄弟和而家不分。

官有公法⑦，民有私约⑧。闲时不烧香，急时抱佛脚⑨。幸生太平无事日，恐逢年老不多时。国乱思⑩良将，家贫思贤妻。

池塘积水须防旱，田地勤耕足养家。根深不怕风摇动，树正何愁⑪月影斜。

注释

① 贵：指受到尊重。② 饶：免除处罚。③ 堪：才能，足以。
④ 及第：指科举考试。⑤ 发：指发芽，萌发。
⑥ 退：衰退，败落。⑦ 公法：指国家的法律法规。
⑧ 私约：私下签订的契约。⑨ 抱佛脚：比喻恳求佛祖保佑。
⑩ 思：渴望，盼望。⑪ 何愁：不愁，不怕。

解读

国家太平清廉，有才能的人才能受到重视；家庭富裕有钱，孩子才显得娇气。刀子伤了人是很容易治好的，但恶语伤害了人却很难使人消恨。

增广贤文

人会衰老是不可改变的自然规律,即使是再高贵的人也改变不了这个事实。有钱的人愿意在人前显示,而没有好衣服穿的人连门都不愿出。

做官要争取做到宰相,考试必须要争取第一名。苗是从地里发出来的,树枝是从树上分长出来的。父亲和儿子团结一致,家就不会衰败;兄弟之间和睦相处,就不会分家。

国家有国家的法律,民间有民规乡约。空闲时不烧香敬佛,有事了才去求佛显灵怎么会灵验呢!有幸生在太平盛世,不知道到老了还是不是这么好。国家动乱时,盼望贤才良将;家庭贫困时,思念贤惠善良的妻子。

池塘里积水是为了防止干旱,土地深耕勤作是为了种好庄稼。树根长得深才不怕风的摇动,树长得正怎么会怕影子斜呢?

故事链接

李广,陇西成纪人,汉朝初期名将。当时,汉朝主要的边患是北方匈奴的入侵。李广为抗击匈奴,几乎一生全都在疆场上度过。他热爱祖国,英勇杀敌,为保卫边疆安全,立下了汗马功劳。

李广打起匈奴来,骑马奔跑像飞一样,箭又射得准。匈奴贵族和骑兵,一般都知道李广的厉害。匈奴犯汉界时,只要知道李广在边界附近,就不大敢进来。 公元前129年,匈奴又来进犯,一直打到上谷,即今河北怀来东南一带。

汉武帝派卫青、李广等四个将军,每人带一万人马,分四路去抵抗匈奴。这四个将军当中,李广年纪最大。他在汉文帝的时候就做了将军。这一次,李广吃了败仗,被朝廷定了死罪。后来按朝廷的规定,交钱赎罪,回到老家做了平民。

第二年秋天,也就是公元前128年,匈奴两万骑兵又打进来,杀了辽西太守,掳去青年男女两千多人和不少财物。边关百姓惶惶不可终日,朝廷也无可用之人。

汉武帝这时又想起了威振敌胆的飞将军李广,起用他为右北平太守。李广做了右北平太守,匈奴吓得丢了魂儿似的,逃到别处去了。有一天晚上,李广忽然瞧见山脚下蹲着一只斑斓猛虎,他连忙一箭射过去,手下人跑过去一看,原来中箭的是一块好像老虎的大石头!箭进去很深,怎么拔也拔不出来。这个消息传开后,匈奴更不敢来侵犯右北平了。

增广贤文

学在一人之下，用在万人之上

学在一人之下，用在万人之上。一字为师，终身如父[1]。忘恩负义，禽兽之徒。劝君莫将油炒菜，留与儿孙夜读书。书中自有千钟粟，书中自有颜如玉[2]。

莫怨天来莫怨人，五行八字[3]命生成。莫怨自己穷，穷要穷得干净[4]；莫羡他人富，富要富得清高[5]。别人骑马我骑驴，仔细思量我不如，等我回头看，还有挑脚汉[6]。

路上有饥人，家中有剩饭。积德与儿孙，要广行方便。作善鬼神钦，作恶遭天谴[7]。积钱积谷不如积德，买田买地不如买书。

注释

[1] 一字为师，终身如父：由"一日为师，终身为父"演化而来，语出元关汉卿杂剧《玉镜台》。

[2] 颜如玉：指美女。

[3] 五行八字：五行，指木、火、土、金、水。八字，以人出生时的年、月、日、时为四柱，配合天干、地支合为八字。

[4] 干净：清清白白。[5] 清高：纯洁高尚。

[6] 挑脚汉：指挑夫。出自《金瓶梅词话》第八八回："贫僧只是挑脚汉。"[7] 天谴：上天的责罚。

解读

学习时在老师一人之下，运用时却可指挥万人。哪怕只教过一个字的老师，终生都应像对父亲一样尊重。忘恩负义的人，是禽兽不如的东西。劝你不要用油炒菜，留下油给儿孙夜里读书作灯油。读书会得到高官厚禄，读书就会得到美丽的女子。

不要抱怨天也不要抱怨人，一切都是五行八字命定的。不要抱怨自己穷，穷也要穷得清白干净；不要羡慕别人富，富要富得高尚正派。别人骑马我却骑驴，仔细比较我不如人，可是等我回头一看，后面还有挑担人远不如我。

路上有饥饿的人，家里有吃剩的饭，为了给子孙积德，应该行个方便舍饭给饥饿的人。做善事鬼神也会钦敬，做坏事一定遭上天的惩罚。积蓄钱财和粮食不如积点德行，收买田地不如收买书籍。

故事链接

春秋时期，郑国的郑武公娶了申国国君的女儿为妻，叫作武姜，生下了庄公和共叔段。庄公是脚在前倒生下来的，使武姜受了惊吓，武姜因此讨厌庄公，喜欢共叔段。武姜想立共叔段为太子，为此多次向武公请求，武公都没有答应。

后来，庄公当上了郑国国君，武姜为共叔段请求把制地作为他的封邑。庄公说："制地是个险要的城邑，从前虢叔就死在那里；如果要别的地方，我都答应。"武姜又为共叔段请求京邑，庄公就让共叔段住在那里，称他为"京城太叔"。

大臣祭仲说："都城超过了三百丈，就会成为国家的祸害。按先王的规定，大的都城面积不能超过国都的三分之一，中等的不超过五分之一，小的不超过九分之一。现在京邑的大小不合法度，违反了先王的制度，这会使您受不了。"

庄公回答说："姜氏要这么做，我怎能避开这祸害呢？"祭仲说道："姜氏有什么可满足呢？不如早些处置共叔段，不让他的势力蔓延。如果蔓延开来，就难以对付了。蔓延开的野草都除不掉，更何况是您不受宠的兄弟呢？"

庄公说："多行不义必自毙，您暂且等着看吧。"

不久之后，太叔命令西边和北边的边邑也同时归他管辖。公子吕对庄公说："一个国家不能容纳两个君王，您打算怎么办？如果您想把国家交给太叔，就请允许我去侍奉他；如果不给，就请除掉他，不要使百姓产生二心。"

庄公说："用不着，他会自食其果。"太叔又把双方共管的边邑收归自己，一直把邑地扩大到了廪延。公子吕说："可以动手了，等他占多了地方就会得到百姓拥护。"庄公说："做事不仁义就不会有人亲近，地方再大也会崩溃。"

共叔段的势力在不断扩大，同时，他还在不停地修筑城池、屯田积兵，并让母亲武姜里应外合，准备攻下郑都。

其实庄公早有防备，趁共叔段进军郑都时，出奇兵攻其后路。长久受共叔段压迫的农民们也参与战斗，使共叔段兵败，逃亡他处。庄公出军追杀，最后共叔段走投无路，被迫自杀。

一日春工十日粮，十日春工半年粮

一日春工[1]十日粮，十日春工半年粮。疏懒[2]人没吃，勤俭粮满仓。人亲财不亲，财利要分清。

十分伶俐使七分，常留三分与儿孙，若要十分都使尽，远在儿孙近在身。君子乐得做君子，小人枉自做小人。

好学者则庶民之子为公卿，不好学者则公卿之子为庶民。惜钱莫教子，护短[3]莫从师[4]。记得旧文章，便是新举子[5]。

注释

[1] 春工：春季造化万物之工。[2] 疏懒：懒散。

[3] 护短：保护自己的短处，或者保护自己家人、亲友的短处，不容许别人指责、批评。

[4] 从师：跟从老师学习。

[5] 举子：举人。即科举考试中选的人。

解读

春天干一天活的收获够吃十天，春天干十天活的收获够吃半年。懒惰的人没有饭吃，勤俭的家庭粮食满仓。两人是亲戚，两人的钱却不是亲戚，钱财利益上一定要彼此分清。

有十分聪明使出七分就行了，总要留下三分给自己的儿孙，如果把十

增广贤文

分聪明都使尽了，不良后果远的出在儿孙身上近的就在自己身上。高尚的君子从从容容做君子，卑贱的小人空忙一生还是小人。

努力学习的人即使是平民子弟也能做高官，不爱学习的人即使是高官后代也只能做平民。怕花钱就不要送孩子去读书，包庇孩子的毛病就不必为孩子请老师。牢记旧的文章，就能成为新的举人。

故事链接

明太祖朱元璋是中国历史上具有雄才大略的杰出皇帝，他与一般封建帝王不同之处在于讲究节俭。朱元璋出身农家，他放过牛、种过田、做过和尚，还要过饭。

朱元璋在民间度过了24年颠沛流离、饥寒交迫的生活。后来，他投奔红巾军后，凭着自己的战功，从小亲兵一步步上升为控制半壁江山的吴王，在战场上度过了16年出生入死的戎马生活。

明朝建立后，朱元璋用宽猛结合的手段，重建中央集权的封建专制国家，以休养生息为方针，恢复和发展社会生产。

朱元璋不喜欢饮酒，多次发布限制酿酒的命令。他不爱奢华，在营造宫殿时，工程设计者送来图样，他把雕琢考究的部分都去掉。

朱元璋对中书省官员们说："宫殿只要坚固就行了，何必过分华丽。当初尧住的是十分简陋的茅屋土阶，却是历史上有名的好皇帝。后世竞相奢侈，宫殿里有无穷无尽的享乐之物，欲心一纵，就不可遏止，于是祸乱就产生了。假使做皇帝的能节俭，下面的臣子就不会奢侈。要知珠玉不是宝，真正的宝是节俭。今后一切建筑都要朴素，不准浪费民力。"

他命令太监在皇宫墙边种菜，不要建造亭台楼阁。有一次，司天监把元顺帝亲手制作的水晶宫漏献给朱元璋，却被朱元璋严厉地训斥了一顿。后来，江西送来陈友谅的镂金床，也遭到了朱元璋十分严厉的训斥。

朱元璋为了让儿子得到锻炼,他规定诸子出城稍远,骑马十分之七,步行十分之三。他还带着太子朱标,到农民家去,并告诫太子说:"农民勤四体,务五谷,身不离田亩,手不离耒耜,终年勤劳。住的是茅屋,穿的是布衣,吃的是粗粮,国家经费还要从他们身上出。"

朱元璋的俭朴生活,使天下养成勤俭风气,化民成俗。朝廷内外许多官员都很俭朴。如济宁府知府方克勤工作中勤慎,生活上俭朴,是明初廉吏的典型。他官职不低,月俸20石,但自奉简素,不服纨绔,一件布袍十年不换。家中房屋坏了,属吏请为之修缮,他说不要因为我的私事而劳民,自己"买苇席障之,蔽风雨而已"。

朱元璋不仅自己以身率先、勤政俭朴,还立法定制,要使富者得以保其富,贫者得以全其生。他对贪得无厌、横行不法的豪强地主,采取严刑重法加以打击,使当时的社会经济得以恢复和发展。

| 增广贤文

人在家中坐，祸从天上落

人在家中坐，祸从天上落。但求心无愧，不怕有后灾。只有和气去迎人，哪有相打得太平？

忠厚自有忠厚报，豪强①一定受官刑②。人到公门③正好修④，留些阴德⑤在后头。

为人何必争高下，一旦无命万事休。山高不算高，人心比天高，白水变酒卖，还嫌猪无糟⑥。

贫寒休要怨，富贵不须骄。善恶随人作，祸福自己招。奉劝君子，各宜守己，只此呈示⑦，万无一失。

注释

①豪强：有钱有势的人，这里指依仗权势欺压别人的人。
②官刑：刑罚。③公门：指官门署衙。④修：修身养德。
⑤阴德：指在人世间所做的而在阴间可以记功的好事，这是一种迷信的说法。这里指多做好事。
⑥糟：酒糟，酿酒后的余渣。
⑦呈示：呈现。指以上所说的话语。

解读

人在家里坐着，灾祸从天上落下。但求问心无愧，不必忧虑会有什么灾祸。只应该和和气气对待别人，哪有互相打斗能得太平日子的？

忠厚的人一定会有忠厚的报应，横行霸道的人一定会受法律制裁。一个人进了政府正好修行，留点阴德为以后做点打算。

做人何必事事都争个高低，一旦生命结束什么都无所谓了。山高并不算高，人的心比天还高，把白水当酒卖了，还嫌猪没有酒糟吃。

贫穷时不要怨天尤人，富贵时不要骄奢淫逸。好事坏事都是人自己做的，灾祸幸福全是自己招来的。奉劝天下君子，各自坚持本分，照以上的准则行事，管保你不会有闪失。

故事链接

苏轼不管到什么地方都会造福当地百姓，"东坡处处筑苏堤"，体现了苏轼爱民如子的情怀。

元祐四年（1089年），苏轼任龙图阁学士知杭州。由于西湖长期没有疏浚，淤塞过半，"葑台平湖久芜漫，人经丰岁尚凋疏"，湖水逐渐干涸，湖中长满野草，严重影响了农业生产。

苏轼来杭州的第二年率众疏浚西湖，动用民工20余万，开除葑田，恢复旧观，并在湖水最深处建立三塔作为标志。他把挖出的淤泥集中起来，筑成一条纵贯西湖的长堤，堤有六桥相接，以便行人，后人名之曰"苏公堤"，简称"苏堤"。

苏堤在春天的清晨，烟柳笼纱，波光树影，鸟鸣莺啼，形成著名的西湖十景之一"苏堤春晓"。

"东坡处处筑苏堤"，苏轼一生筑过三条长堤。苏轼被贬颍州时，对颍州西湖也进行了疏浚，并筑堤。绍圣元年（1094年），苏轼被贬为远宁军节度副使，惠州安置。年近六旬的苏轼，日夜奔驰，千里迢迢赴贬所，受到了岭南百姓热情的欢迎。

增广贤文

苏轼把皇帝赏赐的黄金拿出来,捐助疏浚惠州西湖,并修了一条长堤。为此,"父老喜云集,箪壶无空携,三日饮不散,杀尽村西鸡",人们欢庆不已。如今,这条苏堤在惠州西湖入口处,像一条绿带,横穿湖心,把湖一分为二,右边是平湖,左边是丰湖。

下 集

前人俗语，言浅理深

前人俗语①，言浅理深。补遗②增广③，集成书文。世上无难事，只怕不专心。成人④不自在，自在不成人。金凭火炼方知色⑤，与人交财便知心。

乞丐无粮，懒惰而成。勤俭为无价之宝，节粮乃众妙之门⑥。省事俭用，免得求人。

量大祸不在，机深祸亦深。善为至宝深深用，心作⑦良田世世耕。群居防口，独坐防心。

注释

❶ 俗语：指约定俗成，广泛流行，且形象精练的语句。
❷ 补遗：指增补书籍正文的遗漏。
❸ 增广：增加，扩大。
❹ 成人：成器，成材。
❺ 色：成色，指金中所含纯金的比例。
❻ 门：指一切奥妙变化的总门径，用来比喻万物的唯一门径。
❼ 作：像，似。

增广贤文

解读

前人的俗语，语言虽然简单，但是寓意很深刻。总是不断地补充书籍的遗漏，增加内容，然后才集合成书文。世界上没有办不成的事，就怕不用心去做事。想要成为有用之才，不可能无忧无虑或不受约束；那些安闲自得的人，很难成大器的。金经过火炼便知道它的成色，与人进行金钱上的往来，就能够知道他的真心。

乞丐没有粮食吃，是因为他过于懒惰。勤俭节约的优良传统是无法估价的宝物，而节约粮食则显得更加重要。生活简朴，吃用节俭，就不会经常麻烦别人。

如果人的度量大，就不会有什么大的灾祸，但是如果人心机较重就会后患无穷。善良作为最好的宝物受用一生，内心的品质就像良田一样，需要世世代代培养耕耘。一群人居住，要避免口舌是非；一个人独处，要小心提防，学会抵御各种不良诱惑。

故事链接

在遥远的古代，中国的黄河流域居住着许多分散的人群。他们按照亲属关系组成氏族，好些氏族又组成了部落。黄帝和炎帝就是两个大部落的首领。

过了很多年，尧当了炎黄部落联盟的首领。他很会治理天下。东西南北四方，春夏秋冬四季，农牧渔猎各业，他都安排管理得井井有条。当时的生产很落后，吃不上饭，穿不上衣的事常有。尧整天和老百姓在一起，对大家的苦难十分关心。他自己的生活也很俭朴。

尧看到有人吃不上饭，心想这是我使他饿肚子的。遇到有人穿不上衣服，他总觉得这是我有过错，才使他没衣服穿的。有人犯了罪，他也首先责备自己没有尽到责任。因为尧和人民同甘苦、共患难,所以他赢得了人民的爱戴。

有一天,几个部落首领来拜望尧。他们来到尧的"宫殿"门口,细一看,都愣住了。"天哪,他住的是什么样的房子啊!"有个人先发出了感叹,其他人也跟着议论起来:"这明明是几间最普通的茅草房啊!"

"我们那里,守门官也比他住得好呢!"正说着,尧走了出来。大家见他的穿戴,都不相信自己的眼睛了,嘴上没说,心里却想:"难道这个身穿补丁衣裳的人,就是大名鼎鼎的尧吗?"

这些首领们互相看了看,他们每个人都比尧穿得好,脸上不禁露出惭愧的神情,从心眼儿里更加敬重尧了。

在尧招待各部落首领的"宴席"上,大家席地而坐,愉快地端起土钵、土碗,津津有味地喝着野菜汤,谈着治理天下的大事。"宫殿"里不时传出一阵阵的笑声。从那以后,各部落的首领们都学着尧的样子,和老百姓同甘苦,共患难,向大自然展开了顽强的斗争。

增广贤文

体无病为富贵,身平安莫怨贫

体无病为富贵,身平安莫怨贫。败家子弟挥金如土❶,贫家子弟积土成金。富贵非关天地,祸福不是鬼神。安分贫一时,本分终不贫。

不拜父母拜干亲❷,弟兄不和结外人。人过留名,雁过留声。择❸子莫择父,择亲莫择邻。爱妻之心是主,爱子之心是亲。

事从根❹起,藕叶连心。祸与福同门,利与害同城。清酒❺红人脸,财帛❻动人心。

注释

❶挥金如土:挥,散。把钱财当成泥土一样挥霍。形容极端挥霍浪费。

❷干亲:不是基于血缘或婚姻关系,而是依据一定的民间习俗而拜认的亲戚。

❸择:挑剔。❹根:事物的本源,根由,依据。

❺清酒:是以大米与天然矿泉水为原料,经过制曲、制酒母、最后酿造等工序,通过并行复合发酵,酿造出的酒精度达18%左右的酒醪。之后加入石灰使其沉淀,经过压榨制得清酒的原酒。

❻财帛:指金钱布帛。亦泛指钱财。

> 解读

身体健健康康的就是真正的富贵，一家人能够平平安安的就不要再抱怨贫穷了，所谓知足者常乐。那些把钱财当成泥土一样挥霍的人会使家族败落，而那些懂得积累的人，则会越来越富有。富贵与天地无关，祸福也不是鬼神给予的，这一切皆与自己的行为有关。那些有原则的人生活只会贫穷一时，懂得奋斗的人最终都会富裕起来。

有父母，不敬重父母却认他人做爹娘；有兄弟，却与兄弟不睦跟旁人亲密。人虽然走了，但却让人难以忘怀，如同大雁飞去，人们可以听到它的叫声一样。可以指责儿子的过错，但不可对父亲过分挑剔；可以批评自己的亲人，却不要指责邻居。我们要懂得尊敬长辈，团结友邻。对妻子的爱是主人的一种爱，对孩子的爱则是亲情。

一切事情都是有其缘由的，就像莲藕与莲叶心心相通脉脉相连。福气与灾祸出自同一门里，好事与坏事也可能同时存在一座城中。福祸是是共同存在的。清酒喝多了容易让人脸红，看到金钱布帛容易让人心动。

> 故事链接

在很久以前，西岳华山住着一对神仙兄妹。哥哥叫二郎神，是严守"仙凡有别"的守山神，妹妹叫三圣公主，拥有镇山之宝"宝莲灯"。三圣公主早已厌倦了枯燥乏味的神仙生活，她想到凡间看看美丽的人间世界。有一天，她趁哥哥不在，便偷偷来到凡间，发现人间太美了！

三圣公主在凡间认识了英俊儒雅的书生刘彦昌，二人情投意合，结为夫妻，过上了美满幸福的生活。这事被二郎神知道后，二郎神非常气恼。他随即调来了天兵天将，来到人间将三圣公主抓了回去。从此以后，三圣公主就过着与世隔绝的、终日被囚禁的日子。不久，她生下了一个男孩，

增广贤文

取名叫"沉香"。三圣公主害怕哥哥二郎神会加害自己的孩子,就偷偷地委托朝霞仙子把小沉香送到了他父亲那里。

时光如梭,小沉香慢慢长大了。他开始追问自己的母亲在哪里。父亲无奈之下,只好告诉了小沉香。当沉香得知母亲还在华山下受苦时,悲痛万分。

他不远万里找到灵台山的霹雳大仙,跟从大仙学本事,准备本事学成后救出母亲。沉香在大仙的教导下,历尽千辛万苦,到处采集金刚砂石,熔炼成一把神斧。神斧抛到空中,就变成了张牙舞爪的神龙。

沉香带着神斧奔向华山,与二郎神展开了一场恶战。沉香在朝霞仙子的帮助下,战胜了二郎神,收回了宝莲灯。接着,沉香举起神斧向华山莲花峰劈去。顿时,莲花峰被劈成了八瓣儿,三圣公主得救了。母子相见后,立即下山找到书生刘彦昌,一家人终于团圆了。

宁可荤口念佛,不可素口骂人

宁可荤①口念佛,不可素口②骂人。有钱能说话,无钱话不灵。岂能尽如人意?但求不愧吾心。不说自己井绳③短,反说他人箍井深。

恩爱多生病,无钱便觉贫。只学斟酒④意,莫学下棋心。孝莫假意,转眼便为人父母。善休望报,回头只看汝⑤儿孙。

口开神气⑥散,舌出是非生。弹琴费指甲,说话费精神。千贯⑦买田,万贯结邻。人言未必犹⑧尽,听话只听三分。隔壁岂无耳,窗外岂无人?

注释

① 荤:一般指动物肉食。
② 素口:指持斋吃素的嘴。吃素的嘴却骂人。比喻人伪装行善。
③ 井绳:从井里打水用的绳子。
④ 斟酒:倒酒。斟,往杯盏里倒。 ⑤ 汝(rǔ):你。
⑥ 神气:指道家所谓存养于人体内的精纯元气。
⑦ 贯:古代穿钱的绳索。把方孔钱穿在绳子上,每一千个为一贯。
⑧ 犹:这里做副词,还、仍然的意思。

解读

宁可吃着肉食念佛,也不可以开口骂人。只要有钱,什么话都好说;

增广贤文

若是无钱，话再好听也没有用。这句话道出了金钱在生活中的重要性，但也存在其片面性。金钱有用，但却不是万能的。人生在世，不可能事事顺心如意，只要不愧对自己的真心就好。打不到井里的水，不责备自己打水的绳子不够长，反而抱怨他人把井挖得太深了。

夫妻互爱，有点病痛双方都要求对方去医院检查治疗，便觉得多病；没有钱购物、治病，自然觉出贫穷。

要有给人倒酒的友善，不要学下棋人之间的心机和钩心斗角。孝敬父母不要有丝毫虚情假意，因为很快你就要为人父母。行善事时，不要想着回报，回头看看自己的儿孙其实也常常得到他人无私的帮助。

过多地表现自己，会让本已具有的元气散失；话讲多了，就容易生出是非。弹琴是件轻松的事，但拨动琴弦会磨损指甲；说话需要经过看、听、想，也有思维活动，十分费精神。

有千贯的钱可以买到良田，有万贯的钱则可以交到有钱的邻居。这是在讽刺那些眼中只有金钱的人。别人的话未必说完，最好别全信。隔着一道墙，难道不会有人偷听吗？窗外难道就没有人吗？因而我们应当提防小人。

故事链接

司马郎中王缙，宋朝潍州人，致力于研究《春秋》三传，曾中进士，后调到沂州任录事参军。在这里，他与一位任司户参军的鲁宗道相识，并且成为了好友。

鲁宗道家中很贫穷，还经常领不到每月应得的俸禄，所以王缙经常接济他。有一次，鲁宗道家中有事急欲用钱，无奈只好恳求王缙从俸钱中借一些给他。由于鲁宗道平日对部下管束极严，因此库吏怀恨在心，向州官告发了他私借俸钱的事，州官要将鲁宗道和王缙一并弹劾。

王缮对鲁宗道说:"你就把过错都推到我的身上,你自己不要承担责任。"

鲁宗道怎能忍心这样做,他说:"因为我家贫穷而向你私借俸钱,过错是由我引起的,你是无辜的,怎么能让你替我承担责任呢?"

王缮开导鲁宗道说:"我这个人碌碌无为,是个胸无大志的平凡之人,我获罪没有关系。何况,把官钱私借给别人,这个过错也不至于到免职的地步。而你年轻有为,豪爽正直,是朝廷的栋梁之材,不要因承担这点小错而影响你的远大前程。况且,我们二人同时获罪,毫无意义。"

王缮一席话,表现了他处处为别人着想,宁肯牺牲自己,也要帮助别人的优秀品质。在王缮的一再劝说和坚持下,终于由王缮独自承担罪责。事后,鲁宗道非常感动,而又惭愧得无地自容。王缮却一如既往,毫无怨言。但因此事的影响,王缮得到的是"沉困铨管二十余年",此后一直未能得以提升官职。

在封建社会里,像王缮这样为别人前程着想,主动承担罪责,不计个人得失的精神,实在难能可贵。

增广贤文

财可养生须注意，事不关己不劳心

财可养生①须注意，事不关己不劳心。酒不护贤，色不护病；财不护亲，气不护命。

一日不可无常业②，安闲③便易起邪心。炎凉世态④，富贵更甚于贫贱；嫉妒人心，骨肉更甚于外人。

瓜熟蒂落，水到渠成。人情送匹马，买卖不饶⑤针。过头饭好吃，过头话难听。事多累了自己，田多养了众人。

怕事忍事不生事自然无事，平心⑥静心不欺心何等放心。天子至尊⑦不过于理，在理良心天下通行。好话不在多说，有理不在高声。

注释

① 养生：保养身体。

② 常业：固有之业，即各阶层人民的本业。

③ 安闲：指安静，清闲悠闲。

④ 世态炎凉：世态，人情世故。炎，热，亲热。凉，冷淡。指一些人在别人得势时百般奉承，别人失势时就十分冷淡。

⑤ 饶：额外增添。⑥ 平心：除去成见，用心公平。

⑦ 至尊：至高无上的地位。

解读

生活条件较好的人对养生比较关注，但应注意不可以胡吃海塞；与自己无关的闲事，可以先放一边不管。过度酒喝能使贤才变得没有德行，色欲若是过度则易患疾病；过分渴望钱财的人容易疏离亲情，与人斗气有可能会丧失性命。

人不可以没有稳定的工作，太过安逸清闲的生活容易让人心生邪念。人情冷暖，世态炎凉，在富贵人家比贫穷人家表现得更为明显；猜忌的心理在骨肉亲人之间比陌生人之间表现得更为厉害。

瓜熟了，瓜蒂自然脱落；水流到的地方自然形成一条水道。如果做人情，送匹马也没有问题。但是做生意的话，一根针也不能多送。烧过头的饭可以吃掉，但若话讲过了头就太不入耳了。事情多了，受累的是自己；田地多了却可以养活很多人。

担心有不好的事情发生，就会防范于未然；隐忍那些可以激怒自己的事情，不去无中生有，搬弄是非，自然就会天下太平。保持用心公平，态度公正，心境平静不躁，不自欺欺人，就会心情安定，没有忧虑和牵挂。有些人能够成为最尊贵、最崇高的帝王，是因为他们懂得讲道理；做事讲求原则，懂得以道德规范和价值标准来约束自己的人走到哪里都不怕。好听的话不在于说得多，有道理的语言不在于说话时声音的高低。

故事链接

明山宾是南北朝时的人，他曾做过南北朝梁朝的御史中丞这样的高官。他做官清正廉洁，为人忠厚耿直。在担任州官时，正碰上灾年，民众颗粒收无。他竟把官仓的粮食拨出来救济老百姓，因为这件事而触怒了朝廷。朝廷以他耗费国库为罪名，把他的田园房舍都没收归官了。

回乡后，他不得不把自己驾车的牛卖掉来应付家庭生活开支。这天，他牵着牛到集市上去卖，站了好半天，好不容易才把牛卖了。明山宾拿着卖牛的钱往家走。他一边走一边盘算怎样使用这笔钱。

猛然，他想起一件事，便又急忙跑回了集市。回到集市，他在人群中找那个买牛的人。那人正向周围的人夸耀他买的牛如何便宜，猛然看见明山宾追来，以为他要来重新讲价钱，便抢先道："咱们可是讲定了的，一手钱，一手货，这牛现在是我的了。"

明山宾喘息了一阵说："你误会了。我忘了告诉你一件事，这牛曾经患漏蹄症，虽然治好了，保不了以后不发病，这事我不能不告诉你。"

那人听了这番话，马上变了脸色，要和明山宾重新讲价钱。明山宾没有犹豫，按新讲定的价钱退还给那人很多钱。周围的人见到这个情景便七嘴八舌议论开了。有的赞扬明山宾诚实，讲信用，有的说他太傻，不会做生意。明山宾毫不理会，拿着剩下的钱坦然地离开人群，回家了。

一朝权在手，便把令来行

一朝权在手，便把令❶来行。甘草❷味甜人可食，巧言❸妄语❹不可听。当场不论，过后枉然❺。

贫莫与富斗，富莫与官争。官清难逃猾吏❻手，衙门❼少有念佛人。

家有千口，主事一人。父子竭力山成玉，弟兄同心土变金。当事者迷，旁观者清。怪人不知理，知理不怪人。

注释

❶ 令：命令，法令。
❷ 甘草：多年生草本，根与根状茎粗壮，直径1—3厘米，外皮褐色，里面淡黄色。具甜味。
❸ 巧言：表面上好听而实际上虚伪的话。
❹ 妄语：虚妄不实的话、谎言。
❺ 枉然：得不到任何收获，白费力气。
❻ 猾吏：奸猾的官吏。
❼ 衙门：旧时称官署为衙门。即政权机构的办事场所。其实衙门是由"牙门"转化而来的。衙门的别称是六扇门。

解读

有些人一旦掌了权，就容易发号施令，对他人做的事指手划脚。甘草味道甜美人们都比较喜欢吃，而那些表面上好听实际上却是虚伪的谎言，是绝对不可以听信的。在事情发生的当下不发表自己的看法，当事情过后再讲已经没有什么意义了。

无论贫穷还是富有，或是权贵，都不应该相互攀比、争执。再好的官也会被奸猾的官吏拖下水，衙门里是不会有发善心的人的。这些话现在说来有些不合时宜，但却反映了古代钱权当道黑暗的社会状态。

无论一家有多少口人，都有一人来全面主持家事。父亲和儿子齐心为同一目标努力，大山都会变成美玉。兄弟们若能一条心，荒土也会变成金子，足以说明家庭和睦、团结的重要性。遇到事情，当事人容易失去辨别的能力，但旁观的人却看得很清楚。遇到问题随便责怪他人的人，往往不懂得事理或不知内情，而懂得事理的人就不会轻易责怪他人。

故事链接

王祥，是晋代琅琊（今山东临沂）人。他小时，性情温厚，孝敬父母。母亲死后，继母朱氏对他很不好，多次向他父亲说他的坏话，因此他父亲也不喜欢他，让他干又脏又累的活，但他毫无怨言，更加小心，不惹父亲生气。

王览是王祥继母生的弟弟，性情爽直，很懂事儿。四五岁时，看见王祥挨打挨骂，他就抱着母亲流泪。长大一些，他经常劝阻母亲不要虐待王祥。他和王祥很友爱，经常在一起，王祥也很喜欢他。

有时母亲无理地支使王祥干力所不及的重活，他就和哥哥一起去干，这样使母亲停止对王祥的无理支使。

父亲死后，王祥在乡里稍稍有点名气了。这又遭到继母的忌妒。她暗自把毒药放到酒里，想毒死王祥。王览在暗中看出毛病，赶紧到哥哥房中夺回毒酒。这时王祥也看出酒有问题，怕弟弟抢去喝了中毒，于是弟兄俩

抢起酒来。继母听到争吵声，赶紧跑来把酒夺过去倒掉。从此以后，每逢吃饭，王览就和哥哥一起吃，朱氏再也不敢在食物中放毒了。

继母死后，徐州刺史吕虔（qián）聘请王祥去当别驾。王祥不愿意离开弟弟，想不去就职，王览极力劝哥哥前去，并亲自为哥哥打点行装，亲自赶着牛车送哥哥去徐州上任。

后来，王祥政绩清明，得到百姓的赞扬。王览也得到皇帝的嘉奖，并起用为宗正卿。弟兄俩始终亲密友爱，为当时人所称颂。

增广贤文

未富先富终不富，未贫先贫终不贫

未富先富终不富，未贫先贫终不贫。少当①少取，少输当赢。饱暖思淫欲，饥寒起盗心。

蚊虫遭扇打，只因嘴伤人。欲多伤神，财多累心。布衣②得暖真为福，千金平安即是春。

家贫出孝子，国乱③显忠臣。宁做太平犬，莫做离乱人。人有几等，官有几品。理不卫亲，法④不为民。

注释

① 当（dàng）：典当。指用东西做抵押向当铺借钱。
② 布衣：借指平民百姓。古代平民不能穿锦绣，只能穿麻布衣服，所以称百姓为布衣。
③ 乱：战乱，动乱。④ 法：法令，法律，制度。

解读

如果你没有达到富人的条件，却想用富人的标准来进行消费，那最终的结果则是富不起来；在年轻时尝尽贫苦的磨难，成年后必会有坚强的意志获得财富。少典当一些东西就是稍稍有所收获，少输一点钱也可以说是获得了小的胜利，意思是说减少了损失就是收获，缩小了差距就是胜利。吃饱穿暖了，不愁吃穿的人，容易陷入安逸享受的生活。而生活极为窘迫的人，迫于生存，也容易误入歧途。

见到蚊虫人们会忍不住去拍打，因为它们的嘴经常把人咬伤。那些满嘴尖酸刻薄的人，人们大多不愿亲近。欲望多了容易损伤精神，钱财较多也会让人劳心。老百姓觉得只要吃饱穿暖了就是真正的幸福；"平安"二字值千金，只要家人平安，生活就有希望。

在家境贫困的时候，容易暴露人的本性，哪些是真正孝顺的孩子，便能分辨清楚。国家危难的时候，真正的忠臣便会为国家挺身而出。宁愿在天下太平的时候做只狗，也不愿在离别战乱的年代生为人，表达了人民对战争的厌恶，对和平生活的向往。在古代人有等级之分，官有品级之分。这与物以类聚，人以群分是一样的道理。律理的制定和实施不能袒护自己人。

故事链接

黄香，东汉时期江夏人。他小时候，生活很艰苦，9岁时死了母亲，父亲年老多病，家务劳动的重担，多半落在小黄香的肩上了。母亲去世前，病了好一阵子，小黄香一直不离左右，由于劳累和悲伤，身体消瘦了，脸色发黄了，母亲心疼得恨不得马上死去，好使黄香得到解脱。

母亲真的永远地离开了小黄香。小黄香悲伤得死去活来。身体彻底地垮了，几乎不能劳动了。亲友们劝他，父亲开导他。小黄香左思右想，终于想通了，人死不能再生，自己把身体搞坏了，父亲谁去伺候，不如把想念母亲的心，用到孝敬父亲上。从此，他关心照料父亲，家务活自己都承担起来，不让父亲操半点心。

他家住的房子很矮小，在骄阳似火的夏季，晚上屋里不但热气长时间不消失，而且还有蚊子。小黄香为了让父亲休息好，晚饭后，总是拿着扇子，把父亲屋里的蚊子、苍蝇扇跑扇净，还要扇凉父亲睡觉的床和枕头，

增广贤文

使父亲早些入睡。

在寒风刺骨，雪地冰天的冬季里，屋里没有任何取暖设备，为了让父亲少受冷挨冻，黄香早早给父亲铺好被，自己脱下衣服钻到被窝里，用自己的体温，温暖了被窝之后，才让父亲睡下。9岁的小黄香就是这样孝敬父亲的。他自己在冬天穿不上棉裤，盖不上棉被，从不叫一声苦。他从不叫父亲为难，自己想方设法去克服困难。他整天欢欢喜喜，蹦蹦跳跳，充满了乐观向上的精神。

他孝敬父亲的品德得到了邻里的赞扬，还得到了皇帝的嘉奖。他学习也很好，人们称他是"天下无双，江夏黄香"。他后来当过尚书令，创造了很好的政绩。

自重者然后人重，人轻者便是自轻

自重①者然后人重，人轻②者便是自轻。自身不谨③，扰乱四邻。快意④事过非快意，自古败名因败事。

伤身事莫做，伤心话莫说。小人肥⑤口，君子肥身⑥。地不生无名之辈，天不生无路之人。一苗露水一苗草，一朝天子⑦一朝臣。

读未见书，如得良友；见已读书，如逢故人。福满须防有祸，凶多料必无争。不怕三十而死，只怕死后无名。

注释

① 重：尊重。② 轻：轻视。看不起。③ 谨：指受约束。④ 快意：指心情舒畅，称心如意。⑤ 肥：使……肥沃。⑥ 身：自身，本身，自己。⑦ 天子：皇帝。

解读

懂得自重的人，自然会受到别人的尊重；看不起别人的人，也就是看不起自己。自己做事行为放荡，就会扰乱周围居民的生活。高兴的事情过去了，也就没有什么可值得高兴的了。自古以来都是因为做了坏事而身败名裂，人们应防微杜渐。

有害于身体健康的事情不要做，不利于心情舒畅的话语不要说。小人只追求口腹之欲，君子却把修身作为自己的追求。土地不会生长出没有用的生物，上天也不会断绝了人的出路。一方水土养育一方人，当权者变动下属也相应变动。

看没有看过的书，好像得到好朋友；读已经读过的书，好像见到老朋友。幸福美满的时候要提防随时会出现不幸；当面临险境，困难丛生的时候估计就不会有人来强取豪夺。不怕只活到三十岁就死了，只怕死了以后没有人知道我是谁。

故事链接

赵匡胤是宋朝的开国皇帝。据说，当他还是一名武将时，就已名扬四海、威震八方了。可是，这样一条英雄好汉，曾因一文钱竟被逼得就地打滚。有一次，赵匡胤领兵打仗，因寡不敌众，吃了败仗。他单枪匹马冲出重围，跑了一段路程，只觉得又饥又渴，肚里咕咕直叫。

赵匡胤走啊，走啊，走了好远，突然前面出现一个黑点儿，定睛一看，像是一个棚子。于是赵匡胤打起精神，拍马赶去。黑点儿越来越近，果然不错，是一个看瓜的棚子，棚子前边是一片青绿青绿的西瓜地。满地的大西瓜，使他顿时流出了口水。

赵匡胤翻身下马，拖着那条青龙宝棍，来到瓜棚旁边，正要开口买瓜时，一摸口袋，竟连一文钱也没有。怎么办呢？继续赶路吧，怕是再也支持不住了，说明没钱吧，又觉有失自己的身份。

赵匡胤在瓜地边转过来，走过去，也没有想出啥好办法来。停了一会儿，他想了一个混账的办法：到瓜棚只管让称瓜吃，吃罢，如果卖瓜人要的价钱贵，就吓唬他一顿，骑马便走。主意拿定，赵匡胤就三步并作两步进了瓜棚。只见瓜棚下坐着一位胡须雪白、面容慈祥的看瓜老人。

赵匡胤粗声粗气地说："老头子，拿瓜来吃！"

看瓜老人急忙站起来笑着说："军爷请坐，我去给您挑瓜。"老人说着进地里挑了一个大西瓜，抱到赵匡胤面前，说："军爷，请吃吧！"

赵匡胤虽说饥渴得很，恨不能一口把西瓜吃掉，但又怕卖瓜的人瞧不起自己，就强鼓起肚皮说："我又不白吃你的，怎么不称一称？"

老人听他这样说，就过了秤，称罢用刀切开，双手递到赵匡胤面前。赵匡胤狼吞虎咽地大吃起来。老人坐在旁边也不答话，一边吧嗒吧嗒地扇着扇子，一边瞧着赵匡胤吃瓜。

不一会儿，赵匡胤把一个10斤重的大西瓜吃了个精光，他用手抹了抹嘴，对着老人瓮声瓮气地说："这瓜多少钱一斤？"边说边在心里合算：他就是说个公道价钱，也要说他瓜贵，有意讹人，吓唬吓唬，便扬长而去。卖瓜的老人看出了他的用心，笑着说："军爷，自己的瓜，过路人口渴了吃个瓜，从来是不要钱的。"

"胡说！你是有意小看人，难道说我给不起你的瓜钱吗？"赵匡胤说着还故意拍了拍自己的口袋。"如果军爷真的过意不去，那就按别人吃瓜的价钱，一文钱10斤吧。"老人慢慢地说了一句。

这一下可把赵匡胤给难住了。人家不要钱，自己硬要给，价钱又极便宜，可该怎么办呢？他不自觉地又摸了摸口袋，依然是没有分文。此时，赵匡胤脸红了，汗珠也从鬓角上渗了出来。卖瓜的老人不紧不慢地在等着接钱。赵匡胤服软了，走上前去哀求道："老伯伯，我忘了带钱，你有什么活让我干干，顶瓜钱好吗？"

卖瓜老人轻蔑地瞟他一眼，说："年轻人，你一来我就看出你饥渴难忍，而又空无一文。可你又装腔作势，出言不逊。如果你真有悔改之意，就请你在地下打个滚儿顶瓜钱吧！"

赵匡胤无奈，只好在地下打了个滚儿，满脸通红地上了马。一路上，他不住地长叹："哎，真是没有一文钱，难倒英雄汉哪！"

增广贤文

但知江湖者,都是薄命人

但知江湖①者,都是薄命②人。不怕方中③打死人,只知方中无好人。说长说短,宁说人长莫说短;施恩施怨,宁施人恩莫施怨。

育林④养虎,虎大伤人。冤家抱头死,事要解交⑤人。卷帘归乳⑥燕,开扇出苍蝇。爱鼠常留饭,怜蛾灯罩纱。

人命在天,物命在人。奸⑦不通父母,贼不通地邻。盗贼多出赌博,人命常出奸情。

注释

① 江湖:指四方。在江湖上无拘无束地生活。
② 薄命:命运不好,福分差。
③ 方中:指古代帝王的寿穴。
④ 育林:植树造林。
⑤ 解交:汉代百官交拜之礼。官员调任对拜而去,称"解交"。
⑥ 乳:初生的,幼小的。 ⑦ 奸:邪恶伪诈的人或事。

解读

那些不顾他人感受,无拘无束生活的人,大都运气不好。不怕在盗墓的时候把人打死,只知道在盗墓时见到的并不是好人。议论别人的好坏是非时,宁可只说优点不说缺点。施恩于人,不在乎多少,而在于别人是否急需；施怨于人，不在乎深浅，而在于是否伤了别人的心。所以宁可只施恩于人，也不要施怨。

种植树木在林中养虎，虎长大却伤害了养育它的人。比喻纵容助长坏人坏事，到头来自己受害。冤家宜解不宜结。有仇恨的双方应该解除旧仇，不要继续结仇。钩着不敢放下窗帘，是为了让小燕子能归来。看到冲撞窗户的愚痴苍蝇，赶紧打开窗门让它出去吧。担心家里的老鼠没有东西吃，时常为它们留一点饭菜。夜里点灯时将灯纱罩上，是爱惜飞蛾的生命呀。

人的命运在于上天注定，东西的命运掌握在人的手里。说明人定胜天的道理。奸诈阴险的人不会想到和你的父母合作来害你，盗贼不会同你的左邻右舍来盗窃你家财物。好赌的人中常出盗贼，好色的人也常闹出人命。赌博与好色皆是社会的祸害。

故事链接

杨继盛是明朝名臣，嘉靖年间时曾任南京户部主事。杨继盛7岁时母亲就去世了，由于家庭贫寒，他没有机会读书。父亲让他每天到溪边放牛，但他每次放牛经过村里一所私塾时，总要站在窗外，踮起脚，听老师给学生讲课，然后用心记下来，放牛时再一遍一遍地背诵。

私塾老师见他每天都趴在窗口听讲，风雨无阻，十分感动，于是就借给他一本书，让他在窗外站着听讲。

杨继盛对老师给予的帮助十分感激，想方设法为老师做事，以报答老师。见老师每天做饭，缺少干柴，他每天放牛回来就背一捆干柴送给老师，还帮老师挑水、打扫院子，把私塾里的桌子、板凳也收拾得干干净净。老师年龄大了，眼睛有些昏花，看书困难。杨继盛听说野生的枸杞子能养目，放牛时见到熟透的枸杞子就摘下来，晾干后给老师送去。

增广贤文

　　老师因此也十分喜欢他，常常利用晚上的时间给他讲课。这位老师为人刚正不阿，是一个嫉恶如仇的人。他教杨继盛读书时，时常针对社会的黑暗情况教导他，要他先学会做个正直的人，然后再用功读书，否则书读得再多也没有用。

　　后来，杨继盛学有所成，终于做了官。但他始终不忘恩师的教诲，坚决同朝中的奸恶势力做斗争。由于朝廷的昏庸，他并没有胜利，反而被捕入狱。在狱中，杨继盛还念念不忘当年在私塾窗外读书时的情景，特地嘱咐家人转告恩师："弟子杨继盛，一日受教，终身不忘。今日被诬下狱，决不屈从邪恶，辱没老师的教诲。"

治国信谗必杀忠臣，治家信谗必疏其亲

治国信谗①必杀忠臣，治家信谗必疏其亲②。治国不用佞③臣，治家不用佞妇。好臣一国之宝，好妇一家之珍。

稳的不滚，滚的不稳。儿不嫌母丑，狗不嫌家贫。君子千钱不计较，小人一钱恼人心。人前显贵，闹里夺争。

要知江湖深，一个不做声。知止自当出妄想④，安贫⑤须是禁奢心。初入行业，三年事成；初吃馒头，三年口生。

注释

① 谗：毁谤别人的话，谗言。
② 亲：亲近的人。③ 佞（nìng）：巧言谄媚。
④ 妄想：荒谬的想法，不切实际的打算。
⑤ 安贫：安于贫困。

解读

治理国家若听信谗言，那么忠臣易遭受迫害；管理家庭事务若听信谗言，便会慢慢疏远亲属。治理国家绝对不能用那些只会讨好上级的大臣，不可用只会说花言巧语的女人掌管家庭事务。有良好品行的官员是一个国家的珍宝，有良好品行的妻子是一个家庭的福气。

做事情一定要沉稳扎实。沉稳的东西不会随意移动，随意移动的东

西则不稳重。孩子不可嫌弃自己的母亲长得不漂亮，狗是忠诚的象征，它会始终如一跟着自己的主人，不会嫌弃主人家贫困。对于人格高尚的人来说，你与他之间有很多金钱的利益关系他都不会和你计较；对道德低下的人来说，你与他之间有一文钱的利益关系都叫人烦恼不堪。那些出人头地、出类拔萃的人大都是在激烈的竞争中奋斗出来的。

想要知道江湖的深浅，就不要太过张扬，要细细留心观察。知道满足、懂得适可而止的人，是因为他们明白了曾经的那些想法不切实际。安于贫困的人，一定要戒掉那些奢侈的想法。刚刚跨入某一行业，要用三年的时间慢慢掌握行业的技能；婴儿刚开始吃馒头，需要用三年的时间培养熟练的动作。

故事链接

岳飞出身农民家庭。少年时，他爱读《春秋左传》和《孙子兵法》。他曾经拜名师学习弓箭和枪法，由于虚心求教，勤学苦练，练得一身好武艺，不满20岁，就能拉开300斤的硬弓了。当时，正值国家多灾多难，金兵灭了辽国，一直打到宋朝的京城汴梁，到处烧杀抢掠，连皇帝、太上皇及大臣等3000多人也被俘虏了。

国难当头，为了保家卫国，岳飞毅然应募，参加了抗金的队伍。南宋政权建立后，岳飞以下级军官身份，上书反对宋高宗南迁，要求北伐。不料触怒了主和派，他们以"越职言事"的罪名，革掉了他的军职。

但是，岳飞毫不气馁。他所记挂的不是个人的进退荣辱，而是国家的命运和民族的存亡。他相继投奔在张所、宗泽手下，带领队伍转战黄河南北，深入到太行山下，屡建战功。懦弱无能的南宋小朝廷，坚持妥协投降的政策，金兵则乘机南进，跨过黄河，打到了江南。时局的混乱，使岳飞的军队和朝廷失去联系，成为孤军。岳飞不畏艰险，主动出击，在广德六战六胜，打的金兵闻风丧胆。

1140年，岳飞挥师北上，"岳家军"以锐不可当之势，连克数城，7月，岳飞亲自率领一支轻骑进驻郾城。金将兀术则纠集了15000名精兵进逼郾城，并拿出了他的王牌军，就是铁浮图、拐子马，企图一下子吃掉"岳家军"。

岳飞观察了形势后，先命令儿子岳云带领一支骑兵闯入敌阵，冲乱了敌人的阵脚，然后派步兵和骑兵一齐出击。步兵手拿麻扎刀，低着头，专砍敌军的马腿。骑兵专门对付马上的金兵。他们先用长枪挑去金兵的头盔，再用大斧砍掉金兵的脑袋。马上马下紧密配合，把金兵打得人仰马翻。这就是有名的郾城大捷。之后，岳飞乘胜追击，在朱仙镇，把金兀术的十万大军打得狼狈逃窜。金兀术感叹地说："撼山易，撼岳家军难！"

可是，正在这时，朝廷在一天内连下12道金牌，要岳飞"立即退兵"。原来，高宗和秦桧害怕岳飞继续前进，会阻碍他们的投降计划，也害怕胜利后更加强大的"岳家军"会威胁他们的统治。

望着抗金义士用生命和鲜血换来的中原沃土，岳飞泪流满面，他愤愤地说："十年之功，废于一旦！所得诸郡，一朝全休！"秦桧为了投降卖国，竟诬陷岳飞造反，把他和他的儿子岳云以及部下张宪逮捕入狱。

1142年，宋高宗和秦桧以"莫须有"的谋反罪名杀害了岳飞，岳飞年仅39岁。岳飞虽然被奸臣害死，但是，他的爱国主义精神并没有死，岳飞的名字已深深刻在世代中国人民的心中，而秦桧等人，却被铸成铁像反剪双手，长跪于英雄的墓前，千秋万世受到人们的唾骂。

家无生活计,坐吃如山崩

家无生活计[1],坐吃如山崩。家有良田万顷[2],不如薄艺在身;艺多不养家,食多嚼不赢。命中只有八合米,走遍天下不满升。使心用心,反害自身。

国家无空地,世上无闲人。妙药[3]难医怨逆[4]病,混财[5]不富穷命人。耽误一年春,十年补不清;人能处处能,草能处处生。会打三班鼓[6],也要几个人。

人不走不亲,水不打不浑。三贫三富不到老,十年兴败多少人。买货买得真,折本[7]折得轻;不怕问到,只怕倒问[8]。

注释

[1] 计:计谋,计策。 [2] 顷:量词。一百亩为一顷。
[3] 妙药:指药效极好,治病灵验的药物。
[4] 怨逆:指怨恨,叛逆。
[5] 混财:指横财,侥幸获得的钱财。
[6] 三班鼓:指行乞的工具。这种表演法方用需要三个人来完成。
[7] 折(shé)本:指亏本。
[8] 倒问:反过来问,这里指质疑。

解读

一个家庭光是消费而不从事生产，即使有堆积如山的财富，也要耗尽。家中有许多肥沃的土地，不如自己有一技之长；一个人有太多技艺，往往各方面都做不好，而无法养家；贪图多吃，反而消化不了。贪多求快要不得，掌握一门精湛过硬的技术比什么都强。

命中注定你只有八合米，即使走遍天下，也依然是这些。这句话有些片面，其实人的命运是掌握在自己手里的。那些充满心机的人，到最后伤害的是自己。

国家没有空闲的土地，那么世上也就不会有那么多无事可做的人。由怨恨和叛逆而生出的病就算是再好的药也很难治愈；人要是命中注定受穷，那就算侥幸获得了一笔钱财也无法真正地富起来。

一年之计在于春，若是耽误了，即使用十年的时间也难以补偿。时机难得，必需抓紧，不可错过。人要是有本事在哪儿都能派上用场，野草生命力顽强可以随处生长。人无论在哪里，总会有用武之地。即使你会打三班鼓，也要几个人才能打出这种味道来，强调了合作的力量。

人是靠不断交往来拉近彼此的距离，如果不进行交流沟通的话，即使再亲近的人，也会慢慢疏远；水只有保持平静的时候才会显得清澈而不浑浊。人生就是一个起起落落的过程，时而富有，时而贫穷。

十年之内有多少人能取得成功，又有多少人经历失败。要学会用平常的心态、发展的眼光去看待他人的成败。

买东西的时候要会判断东西质量的好坏，在讨价还价时，不怕被别人问到，只怕别人家反问。做生意要保证货真价实，不弄虚作假，这样就不会让人家提出质疑。

增广贤文

故事链接

古时候有一个人，为了读书，竟几年不上床睡觉，这个人就是北宋著名的哲学家邵雍。邵雍从小就是一个刻苦用功、严格要求自己的孩子，他学习起来有一股子争分夺秒的劲头。

冬天气候寒冷，他舍不得花时间去生炉子；夏天暑气烤人，他为了不分散注意力，竟连扇子都不扇。白天，吃饭就是他的休息时间；晚上，他夜以继日地刻苦攻读。困了，就伏在桌子上睡一会，醒了再读。他竟有几年为了读书不上床睡觉了。

有一年，邵雍居住的共城来了一个名叫李之才的县官。李之才是位《易经》专家，很有学问，为人也很坦率。他听说邵雍刻苦好学，曾到邵雍家拜访。邵雍也很敬佩李之才，当时就拜李之才为老师。从那以后，邵雍学习更加刻苦，又有三年时间没有上床好好睡过觉。

《易经》是我国古代儒家重要经典之一，邵雍对《易经》非常爱好。在李之才的指导下，他认真钻研《易经》。为了熟读《易经》，他把《易经》抄写出来，贴在房间的墙壁上，抬头就能看到，每天都要背诵几十遍。

后来，李之才调到河南做官。邵雍也把家搬离共城，来到了百里之外的河南洛阳。刚到洛阳，他的生活很困难，住的是透风漏雨的茅草房，每天还要砍柴烧饭，侍奉父母。

但是，尽管生活这样艰苦，邵雍却能继续从师学习、研究，终于成为一位有名的哲学家。他一生不愿做官，但他的学术成就以及治学态度，影响却是很大的。

人强不如货强,价高不如口便

人强不如货强,价高不如口便。会买买怕人,会卖卖怕人。只只船上有梢公❶,天子足下有贫亲。既知莫望❷,不知莫向❸。

在一行,练一行;穷莫失志❹,富莫癫狂❺。天欲令其灭亡,必先让其疯狂。梢长人胆大,梢短人心慌。隔行莫贪利,久炼必成钢。

瓶花虽好艳,相看不耐长。早起三光❻,迟起三慌❼。未来休指望,过去莫思量;时来遇好友,病去遇良方。

注释

❶ 梢公:同艄公。指操舵驾驶船的人,也泛指以撑船为业的人。
❷ 望:埋怨,怨恨,责怪。❸ 向:干预。❹ 志:心意,志向。
❺ 癫狂:指言语行动失常的病理现象。也指玩世不恭,放纵不羁。
❻ 三光:三指虚指数,代表"普遍""经常"的意思。指起得早,事情就能办得周详些,对身体也有好处。
❼ 三慌:指起得晚,时间不够用,办事自然马虎些,对身体亦无好处。

解读

卖货的人出众,不如自己所卖货物的质量好;喊出较高的价钱,不如经过商量后说出来的价格更容易让人家接受。善于买东西的人容易让那些

增广贤文

卖假货的人感到害怕；善于卖东西的人会让同行感到害怕。每只船上都有一个掌舵的人，皇帝身边也有穷亲戚。事情已经有了结果，就不要再埋怨别人；如果对情况不了解，就不要对别人横加干预。

只要开始做某一件事或某一种行业就应该喜爱它并继续做下去。不能因为贫穷而失去奋斗的志向，也不能因为富有而变得玩世不恭，放纵不羁。如果上天想要让你灭亡，那么一定会想让你先变得猖狂。人稍微有些过人之处，胆子就会变得比普通人大些，就会自信满满。若不及他人，便会胆小而不自信，唯恐在他人面前出错。每个行业都有各自的规定，不能跨行获取别行的利益。铁料经过多次地炼打也会变成好钢。

瓶子里的花虽然美丽，但是看久了，也会觉得它不再那样漂亮。早起的人，做什么事会比较从容一些。晚起的人，做事情就会比较慌张。对未来还没有发生的事情，不要给予太多的期待；对于已经过去的事情，不要再三去考虑和思量。遇到好友时，事情通常会发生转机；遇到效果好的药方，病情就会出现好转。

故事链接

管仲和鲍叔牙是春秋时期齐国人。他俩自幼贫贱结交，相互间非常了解，非常知心。管仲和鲍叔牙都勤奋好学，知识渊博，成了当时才华出众的名人。管仲做了齐公子纠的老师，鲍叔牙做了齐公子小白的老师，两人各保其主。

后来，齐公子纠和齐公子小白因争夺君主地位，互相残杀起来。公子小白胜利了，当了齐国的君主，叫齐桓公。而公子纠被逼自杀，管仲被俘，成了阶下囚。齐桓公准备处死管仲。

这时，鲍叔牙已经做了齐国的宰相，他千方百计地解救管仲，并向齐桓公推荐管仲说："管仲的才能大大超过我，要使齐国真正富强起来，非重用他不可。"

齐桓公听了鲍叔牙劝告，用最隆重礼节，请管仲当了齐国的宰相。而鲍叔牙反而成了管仲的助手。两人同心辅政，齐桓公很快成就了霸业，九次大会诸侯，使齐国成了春秋时期五个霸主中最早和最有名的一个霸主。

管仲功成名就，十分感激知心朋友鲍叔牙，逢人便颂扬鲍叔牙的美德。他说："我起初在困难时，曾和鲍叔牙一起经商，分财利时，我自己多分，鲍叔牙不认为我贪财，因为他知道我贫困。我曾经给鲍叔牙计划事情，可是没有计划好，把事情办糟了，鲍叔牙不认为我愚笨，他知道时情有时顺利有时不顺利。我曾经三次做官，三次被君主赶走，鲍叔牙不认为我品行不好。真是生我的是父母，知我的是鲍叔牙啊！"

管仲和鲍叔牙共同长期辅佐齐桓公，为齐国建立了不朽的功业。他俩互相知心知意，团结合作的美德为后人所称颂。

增广贤文

布得春风有夏雨，哈得秋风大家凉

布①得春风②有夏雨，哈得秋风大家凉。晴带雨伞，饱带饥粮。满壶全不响，半壶响叮当。久利之事莫为，众争之地莫往。

老医迷③旧疾，朽药误良方；该在水中死，不在岸上亡。舍财不如少取，施药不如传方。倒了城墙丑了县官，打了梅香④丑了姑娘。

燕子不进愁门⑤，耗子不钻空仓。苍蝇不叮无缝蛋，谣言不找谨慎人。一人舍死，万人难当。人争一口气，佛争一炷香。门为小人而设，锁乃君子之防。

注释

① 布：布施，分予。② 春风：喻指恩泽。
③ 迷：分辨不清，迷乱。
④ 梅香：丫头，婢女。旧时多以"梅香"为婢女的名字，因以为婢女的代称。
⑤ 愁门：泛指那些有烦心事或有忧愁的人家。

解读

广施恩泽，就像给人们带去夏天的雨，若做对人们有害的事，就像给人们带去寒冷的秋风。晴天也不要忘记带雨伞，说不定会下雨；吃饱了出门，也要带上粮食，说不定有事耽搁就会感到饿。提醒人们要事先做好准备工作。

满壶的水不会发出大的声响,反而不满的水会叮叮当当响个不停。劝诫人们不要骄傲自满。利益较大的事不要争着去做,做的人多了,也就不会有利可图了。大家都争着去的地方不要去,因为人人都去,宝地也会变成荒地。

有经验的医生往往被难以根治的老毛病搞得晕头转向,而腐烂变质的过期药,遇到好的方子,也起不到好的治疗效果。指过去的缺点错误难以改正。命中注定你的生命结束于水中,就不会让你在岸上消亡。告诉人们要接受命运的安排,其实命运是掌握在自己手中的。

失去钱财不如少量获取,施药救人不如传人以药方。说明遇事要讲究方式方法。城墙是县官衙门的象征建筑和保护建筑。若是城墙倒了,那县官还有什么脸面?梅香是姑娘的丫鬟,打了梅香也就是不给姑娘面子。

燕子不会在不快乐家庭的屋檐下筑巢,耗子不钻没有粮食的空仓。完好无损的蛋,苍蝇是不会去叮的;做事谨慎的人,就不会有关于他的谣言传出。一个人不怕死,无论多少人都很难抵挡他。做人要争气,不能破罐子破摔。门和锁即使再坚固也提防不了小人。

故事链接

公元前1046年,周武王灭了商朝。为了安抚商朝遗民,他把纣王的儿子武庚封在朝歌做诸侯,同时又把自己的三个弟弟管叔、蔡叔和霍叔分别封在武庚的东面、西面和北面,以便监视他。

武王的弟弟周公以及太公、召公等帮助武王灭商立了大功,武王就把他们留在京城辅政,其中周公最受信任。

两年后,武王得了重病,大臣们焦虑万分。周公特地祭告周朝祖先,表示愿意代哥哥去死,请先王保佑武王恢复健康,祭毕,周公把祝辞封存在石室里，严令史官不得泄密。

事有凑巧，周公祝祷后的第二天，武王的病开始出现转机，周公和其他大臣都十分高兴。但不久，过度的操劳使武王旧病复发，终不治身亡。年幼的太子姬诵被拥立为王，史称周成王，周公受武王遗命摄政。

周公的摄政引起了管叔等人的不满。他们散布谣言，说周公摄政是为了篡夺王位，从而引起了成王的怀疑，周公百口莫辩，离开了镐京。

不甘心商朝灭亡的武庚见周王室出现了矛盾，就派人去联络管叔等，挑拨他们与周公的关系，同时积极准备起兵叛乱。

周公经过两年的调查，终于查清了谣言的来源，知道了武庚准备叛乱的情况。他十分焦急，便写了一首名为《鸱鸮》的诗给成王。诗的大意是：鸱鸮啊鸱鸮，你夺走了我的孩子，不要再毁掉我的窝！趁着天未下雨，我要剥下桑根的皮修补好门窗，我的手已发麻，嘴已磨损，羽毛也将落尽，可是我的窝还在风雨中飘摇！

这首诗以母鸟的口吻，反映了周公对国事的深切忧虑，但年轻的成王并未能了解周公的苦心，对此无动于衷。后来，成王无意中在石室里发现了周公的祝辞，深深为之感动，就立即派人把周公请回镐京。

周公回京后，成王派他出兵征讨三个叔叔和武庚。周公足智多谋，很快平息了叛乱，周王朝的统治得到了巩固。

舌咬只为揉，齿落皆因眶

舌咬只为揉❶，齿落皆因眶❷。硬弩❸弦先断，钢刀刃自伤。贼名难受，龟名难当。好事他人未见讲，错处他偏说得长。

男子无志纯铁❹无钢，女子无志烂草无瓤❺。生男欲得成龙犹恐成獐❻，生女欲得成凤犹恐成虎。养男莫听狂言，养女莫叫离母。

男子失教必愚顽，女子失教定粗鲁。生男莫教弓与弩，生女莫教歌与舞。学成弓弩沙场灾，学成歌舞为人妾。

注释

❶ 揉：同"柔"，柔软，柔弱。
❷ 眶：同"框"，边框，围子。
❸ 弩（nǔ）：一种利用机械力量发射箭的弓。
❹ 纯铁：质地很软，强度和硬度均较低。
❺ 瓤（ráng）：某些皮或壳包着的东西。
❻ 獐（zhāng）：哺乳动物。状似鹿而小，无角。毛粗长，背部黄褐色，腹部白色。行动灵敏，善跳，能游泳。喻指丑陋、奸猾的人。

解读

舌头经常被咬，只因它过于柔弱；牙齿会脱落，是因为它有牙龈的束缚。坚硬的弩弦总是先断，钢刀的刀刃也最容易损伤。因而我们为人不能太露锋芒，要学会收敛。不管把谁称作贼或者乌龟，谁都难以忍受。所以贼与龟都不要随便出口，出口就会伤到人。好事不容易被人知道，可坏事却传播得极快。

男子没有志向就像纯铁一样，没有钢那般坚韧。女子没有志向就像没有瓤的烂草，像一具没有灵魂的躯壳。生了男孩都希望孩子长大后能够有所作为，但又害怕他成为坏人；生了女孩都希望她能变得高贵，但又怕她长大后成为如虎一般的悍妇。教育男孩，不要让他听信别人的胡言乱语，教育女孩，不要让她离开自己的母亲。

男孩子缺少教养可能会成为愚昧顽固的人，女孩子失去教养必会成为粗野鲁莽的人。男孩子不能只学弓与弩，这样会缺少睿智。女孩子不要只知道欢歌乐舞而不懂得生存之道。男孩子只学会弓弩之技，便整天打打杀杀；女孩子只学歌舞之技，地位就会低下。

故事链接

孔子是我国古代的大教育家、大思想家，儒家学派的创始人。可是，人们又会问他："你的老师又是谁呢？"孔子说："我不是生而知之的人，是学而知之的人。"孔子又说："三人行必有我师焉。择其善者而从之，其不善者而改之。"

孔子不仅这样说，而且也是这样做的。由于家境清贫，他15岁时才有志于学问。孔子为了弄懂"礼"，从山东走到河南，拜老聃为师。老聃为他讲学，在临别时，老聃说："富贵的人送人以钱财，有学问的人送人以言语……我就送给你几句话吧！"

孔子听了老师的话，使他受益匪浅。后来，他又拜鲁国乐官师襄子为师。开始学琴时，孔子一连十几天总是反复弹拨着同一支琴曲。师襄子见孔子弹得已经十分娴熟了,就对他说:"你可以换一支曲子进一步练习了。"

孔子却回答说:"我只学会了乐曲的表面形式,对节奏、内容还不了解。"于是,孔子又继续练习。

过了几天,师襄子在倾听琴音时,他感到孔子已经领会了乐曲的意境,可以学习一些更加复杂的乐曲了。孔子却摇摇头说:"我虽然已经体会了乐曲的意境,但作曲的是个什么样的人,我还没有体会出来。"

于是,孔子又弹了一段时间。当他轻轻放下琴,站起来望着窗外若有所思时,师襄子问他有什么体会,孔子说:"我倾听着琴音,似乎看到了一位个子高高的、目光远大、慈爱安详的长者,这不是周文王又是谁呢?"

师襄子称赞道:"你说得完全对啊!"就这样,孔子学会了乐,并且十分精通。在这之后,孔子又拜苌弘为师。苌弘是个大音乐家,对音乐有很深的造诣。孔子拜他为师,请教律吕之学。他虚心听取着苌弘的指导,不懂就问。孔子说:"勤学,不耻下问,才能学到本领。"

孔子不仅这样说,也是这样做的,他取得了青出于蓝而胜于蓝的实效。由于孔子多方面拜能者为师,他掌握了多种学问和本领,并且成了享誉古今中外的大思想家、大教育家和大学问家。

增广贤文

财交者密，财尽者疏

财交者密，财尽者疏。婚姻论财，夫妻之道❶。色娇者亲，色衰者疏。少实胜虚，巧❷不如拙。

百战百胜不如无争，万言万中不如一默。有钱不置❸怨逆产，冤家宜解不宜结。近朱者赤，近墨者黑。

一个山头一只虎，恶龙难斗地头蛇❹。出门看天色，进门看脸色。商贾❺买卖如施舍，买卖公平如积德。

注释

❶ 道：途径，方法，措施。❷ 巧：巧诈，虚伪不实。
❸ 置：置办，购买。❹ 地头蛇：指在当地有势力的欺压人民的恶霸。
❺ 商贾（gǔ）：古代对商人的称呼。

解读

有钱时，谁都愿意与你交往；没钱时，人人都躲着你。这揭露了人世间世态炎凉的状态。古时婚姻讲究门当户对，也就是以家庭的财产多少来作为衡量，这是成为夫妻的途径之一。面容姣好的自然亲近，面容不佳的就会疏远。再多的虚幻也不如一点真实可贵，奸巧伪诈不如笨拙而诚实。

无休止的战斗胜利了又如何，死去的生命还是不可挽回，不如保持和平。争论占了上风又有何用，伤了彼此间的和气，不如保持沉默。有钱不置那些有损他人和国家利益的财产，有仇恨的双方应该尽力解除旧仇，不要纠结不放，继续结仇。接近好人可以使人变好，接近坏人也可能使自己变坏。

每个地方都有自己的势力，即使外来者很厉害，要与本地的恶势力斗也极为不易。出门前要注意天气情况，做到未雨绸缪；与人相处要懂得察言观色。商人之间的买卖就如同人情施舍，从不讨价还价。而公平的买卖交易就如同行善做好事。因而不论做什么事情都要公平对待。

故事链接

战国的时候，有一个伟大的大学问家孟子。孟子小的时候非常调皮，他的妈妈为了让他受好的教育，花了很大的心血。

开始孟子家住在墓地旁边。孟子就和邻居的小孩一起学着大人跪拜、哭号的样子，玩起办理丧事的游戏。孟子的妈妈看到了，就皱起眉头："不行！我不能让我的孩子住在这里了！"孟子的妈妈就带着孟子搬到市集旁边去住。

到了市集，孟子又和邻居的小孩一起，学起商人做生意的样子，一会儿鞠躬欢迎客人，一会儿招待客人，一会儿和客人讨价还价，表演得像极了！

孟子的妈妈知道了，又皱皱眉头："这个地方也不适合我的孩子居住！"于是，他们又搬家了。

这一次，他们搬到了学校附近。孟子开始变得守秩序、懂礼貌、喜欢读书。这个时候，孟子的妈妈很满意地点着头说："这才是我儿子应该住的地方呀！"于是他们就在这里定居下来了。等孟子长大成人后，学成六艺，收获大儒的名望。

天生一人，地生一穴

天生一人，地生一穴。家无三年之积不成其家，国无九[1]年之积不成其国。男子有德便是才[2]，女子无才便是德。

有钱难买子孙贤，女儿不请上门客。男大当婚女大当嫁，不婚不嫁惹出笑话。谦虚美德，过谦即诈[3]。

自己跌倒自己爬，望人扶持都是假[4]。人不知己过，牛不知力大。一家饱暖千家怨，一物不见赖千家。

注释

[1] 九：泛指多数或多次。 [2] 才：指有才能的人。
[3] 诈：欺骗。 [4] 假：虚假的，假的。

解读

上天安排一个人诞生，地上必然有一个他将来死了埋葬的地方。家中没有几年的积累是富裕不起来的，国家没有长久的经营是发展不起来的。旧道德规范认为男子有德便是有才能；妇女无须有才能，只需顺从丈夫就行。随着社会的发展，如今提倡男女平等，不管男女既要有道德也要有才能。

有钱也难以买到孝顺父母的儿子和有贤德的孙子。在古代女儿家不能会见主动上门的客人。对古人而言，到了一定的年龄，男的要娶妻，女的要嫁人。如果男的到了年龄不结婚就是不孝,女的不嫁就会被说闲话。谦虚是一种美德,过于谦虚就是不诚实,是欺骗。

自己摔倒了,就自己爬起来。指望别人扶持的,说明他在假装。一个人不易发现自己的短处,就好像牛不知道它的力气有多大。富人一家吃饱穿暖,却会使上千家忍饥挨饿的穷人埋怨;富人丢失一件物品也会赖着是千万家穷人所为。

故事链接

一天,孔子带着弟子子路去周代祖庙参观,看到一个制造得很巧妙的陶器,就问看庙的人,说:"这叫什么陶器呀?"

看庙的人回答说:"这大概就是'座右铭器'吧。"

孔子说:"我听说过,这个被名为'座右铭器'的陶器,装满水,它就翻倒;空着,它又歪在那里,只有把水装得正好,它才立着,有这种说法吗?"

看庙的人回答说:"是的,正像你说的那样。"

为了弄清真相,孔子叫子路取水来试试。子路取水来试了一下,果然是那样:装满水,它就歪倒在地上;空着,不装水,它就躺在那里,立不起来;只有装得适中,不多不少,它才直立起来。实验完了,孔子长叹一声,说:"唉!哪有满了不倒的呢!"

子路看明白了这个"座右铭器",又问孔子说:"老师,您说要保持不倒,有办法吗?"

孔子回答说:"保持满而不倒的好办法,就是要抑制、减少水,让它不满,它才不倒。"

子路又问:"要怎样抑制减少呢?"

孔子回答说:"德高望重的人,就要谦虚恭敬有礼貌;拥有大量财产的人，就要勤俭节约，不奢侈；官愈大俸禄愈多的人，就愈要保持有所畏惧的态度；见多识广的人，就要保持浅薄无知的样子，倾听别人的意见。能这样做，我想就可以抑制、减少'满'的倾覆了。"

还有一次，孔子问子贡说："你与颜回比较起来，谁好？"

子贡回答说："我怎么敢比颜回！颜回听到一点，就懂得十点；而我听到一点，只能懂得两点。"

孔子说："不如颜回啊，我和你都不如颜回啊！"颜回也和子贡一样，是孔子的学生。"三人行，必有我师焉"，孔子的这句至理名言，就是孔子谦虚精神的自我写照。

当面论人惹恨最大,是与不是随他说吧

当面论人惹恨最大,是与不是随他说吧。谁人做得千年主,转眼流传八百家。满载芝麻都漏了,还在水里捞油花❶。

皇帝坐北京,以理统天下。五百年前共一家,不同祖宗也同华❷。学堂大如官厅,人情大过王法❸。找钱犹如针挑土,用钱犹如水推沙。

害人之心不可有,防人之心不可无。不愁无路,就怕不做。须向根头寻活计❺,莫从体面❻下功夫。祸从口出,病从口入。药补不如肉补,肉补不如养补。

> 注释

❶油花:指液体表面浮着的油滴。❷华:汉族的古称。
❸王法:古时指国家的法律、法令。
❹根:指事物的根源、本源。
❺活计:旧时专指手艺或缝纫、刺绣等,现在泛指各种体力劳动。
❻体面:指相貌或样子好看。

> 解读

当着许多人的面去议论一个人,会让人家对你怀恨在心。自己的是与非任凭他人去议论,不要太过计较。又有谁能做得了千年的主人呢?转眼之间做主子的权力已流传到了上百户人家了。满满的芝麻都漏出来了,你

增广贤文

怎么还在水中打捞小油滴呢？告诫人们不要因小失大。

皇帝住在北京，以道理来统治天下。很久以前人们本是一家，即使是不同的祖宗也来自同一个民族。是说不管你姓什么，都是炎黄子孙，都是中华儿女，五百年前都是一家人。学校的课堂大的好像政府机关。人与人之间的感情交往，本是很美好的东西，如果不把它置于法律的约束之下，就变成了人治的帮凶和腐败的染缸。挣钱就像用针挑土那般不容易，但花钱就像流水带走沙尘般轻而易举。

你不可以心里想着害人，但是你又不能不防着坏人。人不怕没有出路，就怕不去行动。应从问题的本质出发寻找办法，不要只做表面功夫。灾祸往往因说话不谨慎而招致，病毒常常因饮食不注意而入侵。用药补不如用肉补，用肉补不如以调养身心来补。

故事链接

卫懿公是卫惠公的儿子，名赤，世称公子赤。他爱好养鹤，如痴如迷，不恤国政。不论是苑囿还是宫庭，到处都有丹顶白胸的仙鹤昂首阔步。许多人投其所好，纷纷进献仙鹤，以求重赏。

卫懿公把鹤编队起名，由专人训练它们和着音乐的旋律鸣叫、舞蹈。他还给鹤封有品位，供给俸禄，上等的供给与大夫一样的俸粮，养鹤训鹤的人也均加官进爵。每逢出游，其鹤也分班随从，前呼后拥，有的鹤还乘有豪华的轿车。为了养鹤，每年耗费大量的资财，为此向老百姓加派粮款。民众饥寒交迫，怨声载道。

卫懿公喜欢高贵典雅的仙鹤，本来无可厚非，但因此而荒废朝政，不问民情，横征暴敛，就难免要遭来灾祸。周惠王十七年（前660年）冬，北狄人聚两万骑兵向南进犯，直逼朝歌。

卫懿公正欲载鹤出游，听到敌军压境的消息，惊恐万状，急忙下令招兵抵抗。老百姓纷纷躲藏起来，不肯充军。

众大臣说："君主启用一种东西，就足以抵御狄兵了，哪里用得着我们！"懿公问："什么东西？"众人齐声说："鹤。"懿公说："鹤怎么能打仗御敌呢？"众人说："鹤既然不能打仗，没有什么用处，为什么君主给鹤加封供俸，而不顾老百姓死活呢？"

懿公悔恨交加，落下眼泪，说："我知道自己的过错了。"命令把鹤都赶散。朝中大臣们都分头到老百姓中间讲述懿公悔过之意，才有一些人聚集到招兵旗下。

懿公把玉玦交给大夫石祁子，委托他与大夫宁速守城。懿公亲自披挂带领将士北上迎战，发誓不战胜狄人，决不回朝歌城。但毕竟军心不齐，缺乏战斗力，到了荥泽（朝歌北）又中了北狄的埋伏，很快就全军覆没，卫懿公被砍成肉泥。

增广贤文

思虑之害甚于酒色，日日劳力上床呼疾

思虑之害甚于酒色，日日劳力上床呼疾①。人怕②不是福，人欺③不是辱。能言不是真君子，善处方为大丈夫④。为人莫犯法，犯法身无主。

姊妹同肝胆⑤，弟兄同骨肉⑥。慈母多误子，悍妇必欺夫。君子千里同舟，小人隔墙易⑦宿。文钱逼死英雄汉，财不归身恰是无。

妻子⑧如衣服，弟兄似手足。衣服补易新，手足断难续。盗贼怨失主，不孝怨父母。一时劝人以口，百世劝人以书。

注释

❶疾：疾苦，痛苦。❷怕：使……害怕。❸欺：被……欺负。
❹大丈夫：指有志气、有节操、有作为的男子。
❺肝胆：比喻真诚的心意。
❻骨肉：比喻紧密相连，不可分割的关系。
❼易：改变，变换。❽妻子：这里指妻子和儿女。

解读

心内过于忧郁多虑所带来的危害，远远大于沉迷酒色所带来的伤害。日日操劳就会浑身乏力而痛苦不迭。劝慰人们要懂得劳逸结合，不要想得太多，而劳神伤心。别人害怕你这并不是你的福气，说明你自己身边的朋友都对你心有余悸，慢慢地你也会觉得失落；也不要因为别人欺负你而感到屈辱，别人欺负你而你以宽容来对他，更能显示出你的伟大，他的渺小。能说会道的，不一定是品质高尚的君子。而那些处世练达的人将来一定会有所作为。为人不要触犯法律，一旦触犯法律就会失去自由。

姐妹之间应真诚相待，兄弟之间亲骨肉不可分离。母亲过于疼爱子女，大多会耽误子女的前途；泼辣凶悍的妻子必定会欺负自己的丈夫。君子会不计困难，与你同舟共济；小人则宁愿与你隔墙而宿，也不会与你坦诚相见。小钱有时会把英雄汉子逼上绝路；钱财自始至终都本是身外之物，不会依附在你身上，所以从本质上说来，你从未真正地拥有过金钱。

兄弟之情就像自己的手和脚，失去就没有了。妻子和儿女像衣服失去了还可以再有。夫妻吵架还可以补救和挽回，而兄弟间吵架就如同手脚断裂，难再接上。做贼的人会说被盗的人没有收好自己的东西，子女不孝却埋怨父母没有教育好。当代开导人们都是言传、训诫，而历史、真理却是用书、用典故来启发后人。

故事链接

东汉桓帝延熹年间，山阳郡东部督邮张俭上书参奏宦官头子中常侍侯览包庇罪犯，贪赃枉法。谁知奏章正好落到了侯览手中，侯览暗中把它扣押下来，又指使手下的爪牙诬告张俭，说他和同郡的24个人结党谋反。汉灵帝不分青红皂白下令逮捕张俭。张俭得到消息，连夜逃走。

这一天，在差役严密追捕之下，张俭逃到了孔褒家。听到叩门声，从里面走出一个十五六岁的少年来，他就是孔褒的弟弟孔融。孔融见是一个陌生人，就有礼貌地问道："先生找谁？"

张俭回答说："这是孔褒的府上吗？我和孔褒是朋友，今天前来拜访他。"孔融一听是哥哥的友人，就连忙把他让进屋中，对他说："家兄今日不在家，出门访友去了。"

张俭一听，立刻显得有些紧张，他看孔融还是个少年，怕他担不起事，就没把自己被追捕的事告诉他。但是张俭坐立不安、心神不宁的样子，孔融早就看在眼里，就直截了当地说："张先生的事，在下已有耳闻。张先生凛然大义，弹劾侯览。今遭诬陷，逃难在外。家兄不在家，我可以做主收留你，就请张先生屈居寒舍。"

孔融就留张俭住了下来，这个消息不知怎么传了出去，有个势利小人就偷偷地向官府告了密，说是孔家收留了张俭。官府中有的差人平时就仰慕张俭公正无私，痛恨侯览为所欲为，就把官府要来捉拿张俭的消息，通报给了孔家。

孔氏兄弟得到消息后，就与张俭商量对策，决定连夜逃走。官府没有抓到张俭，就逮捕了孔褒、孔融兄弟二人。在大堂上，大理寺的廷尉审问道："张俭是朝廷缉拿的罪犯，你们竟敢窝藏，现在逃到了哪里，从实招来。"

孔融连忙说道："张俭是我收留的，与我哥哥无关。张俭到我家那天，哥哥出外访友，并不在家，请大人明察。我甘愿承担全部罪责，一人做事一人担，我死而无怨。请放回我的哥哥。"

孔褒没等弟弟把话说完，就打断他的话说："张俭是投奔我而来，放走他的也是我。孔融尚且年幼，况且他只在家中读书，并不知道张俭之事。承担罪责的完全应该是我，与弟弟毫无关系。"

兄弟二人在公堂上互不相让，都坚持承担罪责，经过几次审问，口供始终如一，弄得廷尉一时也难于定案，只好奏明朝廷。皇帝认为孔褒年长，又与张俭相识，就下令斩孔褒以定罪。人都有生的欲望，孔氏兄弟这种为友人不惧生死的精神，体现了他们崇高的道德品质。

我不如人我无其福，人不如我我常知足

我不如人我无其福，人不如我我常知足。捡金不忘失金人，三两黄铜四两福。因祸得福，求❶赌必输。一言而让他人之祸，一忿❷而折平生之福。

天有不测风云，人有旦夕❸祸福。不淫当斋，淡❹饱当肉。缓步当车，无祸当福。男无良友不知己之有过，女无明镜不知面之精❺粗❻。事非亲做，不知难处。

十年易读举子❼，百年难淘江湖。积钱不如积德，闲坐不如看书。思量挑担苦，空手做是福。时来易借银千两，运去难赊酒半壶。

注释

❶ 求：寻求，寻找，找寻。 ❷ 忿（fèn）：愤怒，怨恨。
❸ 旦夕：早晨和晚上，比喻很短的时间。
❹ 淡：指粗茶淡饭。 ❺ 精：精美，美好。
❻ 粗：不精细，粗糙。
❼ 举子：科举时代被推荐参加考试的读书人。

解读

如果我不如别人，就要想是我没有别人那样的福气。如果别人不如我，我应该对自己拥有的感到知足。捡到了财物，要想到此时失主是多么着急。就当是拿三两黄铜换回来四两福气。生活中因祸得福的事是有的，但是人如果好赌一定会输得很惨。一句不当的话会使人走向灾祸的境地，一时的愤怒会使自己一生的福分大打折扣。

天气阴晴不定，变幻莫测；人的一生会面临各种问题，也说不清什么时候会有意外发生。说明有些灾祸的发生，事先是无法预料的。把没有淫念当作是斋戒，把粗茶淡饭看作是美味佳肴。慢步行走以代乘车，没有不幸的事情发生便是我的福气。

男子若没有好的朋友，便不容易发现自己的不足之处。女子若不照镜子，就不知道自己的肤色是精细红润，还是暗黄粗糙。自己若不亲自去做一件事，就不知道这件事有多难。

用十年的时间很容易考上举人，用百年的时间想要把江湖摸个清楚，却发现比登天还难。积攒钱财不如多做好事、善事。闲着待着不如静下心来看书学习。想着自己挑担子辛苦的人，一定认为空着手干活是一种幸福。时来运转时得到千两黄金很是容易，运气不好时想赊买半壶酒都不可能。

故事链接

管宁、华歆是三国时人。他俩是最要好的朋友，同坐在一张席子上读书，一起吟诗，一起写字，一起散步，很是密切。

有一次，管宁对华歆说："我们不应为金钱和地位所诱惑。"

华歆说："你说得对。只有这样，才能保持良好的品格。"

管宁高兴地说："如果能够做到，我们将永远是好朋友。如果谁违背诺言，就抛弃他！"

有一天，管宁与华歆一起在园里锄菜，忽然发现地上有块金子。管宁见了，视为土石，照样挥动锄头。华歆呢，看见那块金子在阳光下闪闪发亮，急忙抓在手里，左看右看，爱不释手。

忽然，华歆想起了管宁的话："不应为金钱所吸引……"才悻悻地扔掉。其实，管宁早在注视着华歆，见了他的举动，很是生气。华歆虽知道管宁生了气，可不以为然。

又一天，管宁、华歆二人坐在一起读书，忽听门外传来了鸣锣开道声："回避，回避！喤！喤！"华歆连忙撂下书跑出去看，只见一位华衣锦服的人，坐在一辆华盖车上，前呼后拥，好不威风。华歆看哪，看哪，直到没有影儿，还舍不得回书房，愣愣地站在门口，想着心事。

管宁仍然读书，好像什么也没有听见。其实，华歆的行动，早已被管宁看到眼里。华歆回来后，管宁立即割断了席子，说："你违背了诺言，从今以后，你不再是我的朋友了！"

管宁割席弃友的故事，反映了他不为金钱地位诱惑的高尚品格，后来他终于成为一个有学问的人。

增广贤文

天晴打过落雨铺，少时享过老来福

天晴打过落雨铺，少时享过老来福。与人方便自己方便，一家打墙❶两家好看。当面留一线，过后好相见。

入门掠虎易，开口告❷人难。手指要往内撇，家丑❸不可外传。浪子❹出于祖无德❺，孝子出于前人贤。货离乡贵，人离乡贱。树挪死，人挪活。在家千日好，出门处处难。

三员长者❻当官员，几个明人❼当知县？明人自断，愚人官断。人怕三见面，树怕一墨线❽。村夫硬似铁，光棍软如棉。不是撑船手，怎敢拿篙竿。

注释

❶ 打墙：拆掉没有用的墙。 ❷ 告：请求，求人帮助。
❸ 家丑：指家庭内部的不体面的事情。
❹ 浪子：指游荡不务正业的青年人。
❺ 无德：言行不合社会的准则和规范，没有德行。
❻ 长者：指德高望重的人。 ❼ 明人：指心地光明的人。
❽ 墨线：装在墨斗上用以校正曲直的线绳。

解读

天晴的时候，预先打理好会被落雨打湿的床铺或者说是修建一间躲避风雨的房子，这就像年少的时候，提前为老来之后遇到的种种问题事先做好了铺垫，从而不至于困难到来时而无法躲避。给别人一些方便的同时，也会给自己带来方便。一家把有隔阂的墙拆毁了，两家人心里都高兴、愉快。当面的时候要为以后的见面留有一线希望，等到以后相见的时候避免不必要的尴尬。

比起为一些事情求人帮忙，上山打老虎却显得容易了很多。因为这涉及彼此之间的感情。当然，在当今的社会背景下则另当别论了。手指头都是往内撇的，家里不光彩的事也不便向外宣扬。那些不务正业的年轻人和那些孝顺父母的孩子，他们的行为习惯与家庭教育和环境有关。在市场上流通的产品，一般离产地越远就越贵。离开本乡本地的人，由于人脉关系弱，风俗习惯不同，做起事来就不那样得心应手。树木经常移动，动了根基，少了生气，所以存活下来就比较困难。而人应多变通，这样思想活了，想法多了，经历广了，发展就会越来越好。出门在外不比在家，时时都可能会遇到困难。

那些德高望重的人受到人们推崇，而那些偏远地方的小官员又有几人是光明磊落的呢？心地光明的人对事物的正确性会自己做出判断，只有愚昧无知的人才需要从官吏那里得到正确的认知。人在长久相处之后容易发现对方的缺点，树木通过目测觉得已经很直了，但是用墨线测量，与真正的直还是有差距的。一个男人成家了，有了责任，就会浑身是劲，能经历困难和挫折；如果没成家，就会浑身没劲，没有责任，也就没有目标和方向。不是撑船的人，就别拿篙竿，没那个本事就别干那事，让给有能力的人来做。

故事链接

顾荣是东吴丞相顾雍之孙。西晋末年，他是拥护司马氏政权南渡的江南士族首脑。他弱冠即仕于吴，吴亡，与陆机、陆云同入洛，号为三俊。拜郎中，转廷尉正，先后辟为王侯僚属。惠帝征他为散骑常侍，后来他担任了晋元帝司马睿安东将军府军司（军师），加散骑常侍，凡是晋元帝所谋划的事都与顾荣一起商议。

顾荣在洛阳时，曾应别人的邀请赴宴。在宴席上他发觉上菜的人脸上显露出对烤肉渴求的神色。于是他便拿起自己的那份烤肉，让给那个上菜的人吃。同席的人都耻笑他有失身份。顾荣却说："怎么会有整天做烤肉而不知道烤肉味道的人呢？"

后来战乱四起，晋朝大批人渡长江南流，每当顾荣遇到危难的时候，经常有一个人帮助他。顾荣感激地问这个人原因，才知道他就是当年得到自己施舍烤肉的人。这个故事显示了顾荣推己及人的善良和为他人着想的品质，也告诉我们好人最终会有好报。

天下礼仪无穷，一人知识有限

天下礼仪[1]无穷，一人知识有限。一人不得二人计，宋江难结万人缘。

家有三亩[2]田，不离衙门前，乡间无强汉，衙门就饿饭。人人依[3]礼仪，天下不设官。衙门钱，眼睛钱；田禾钱，千万年。

诗书必读，不可做官。为人莫当官，当官皆一般。换了你我去，恐比他还贪。官吏清廉如修行[4]，书差方便如行善。

注释

①礼仪：礼节和仪式。
②亩：计量土地的单位。
③依：遵守，服从。
④修行：指修养德行。

解读

全世界的礼仪非常多，每个国家都各有不同，单靠一个人的力量是远远不够的。一个人同时与两个或两个以上的人一起商讨计划，往往意见统一不起来。即使是宋江，他也很难结交特别多的朋友。

家里有薄田几亩，却因此常到衙门打官司，乡里如果没有人横行霸道，那么衙门也就没有事情可做。如若人人都能遵守道德礼仪，那天下也

| 增广贤文

就用不着设置衙门官府了。衙门里的钱再多，毕竟也只是看得到的那些，而田地里产出的价值却可以供子孙后代世世享用。可见田是最值钱的，土地乃生存之本。

一个人只要饱读诗书、学识渊博，便自然会表现出文人的优雅举止和翩翩风度。但是尽量不要去做官，所谓无官不贪，天下所有的为官者都一样。若换成你我做官，恐怕比那些贪官还要贪。为官清廉就像自我约束的修行。书读的不好，也还可以识字，可以为他人带来方便，不失为无私的善举。

故事链接

胡质是三国时魏国的一位太守，他为人正直，执政清廉，虽先后任过县令和太守，但其家人一直过着很清贫的生活。

有一年，胡质升任荆州刺史，他的儿子胡威从京都来看望他。由于家境清贫，没有车马仆僮，胡威只得独自赶着毛驴前来探望父亲。父子在荆州相聚了十余天后，儿子胡威要返回京都了。临别时，胡质拿出一匹细绢，送给儿子以作为归途中的盘缠。

胡威见到这匹细绢，竟然大吃一惊，忙向父亲跪下，不解地问道："父亲大人，您一向廉洁清白，不知是从哪儿得到这匹细绢？"

胡质深知儿子的心意，高兴而又坦然地笑着对儿子说："你有所不知，这不是赃物贿品，而是我从薪俸中节省下来的，所以用来给你做路上的盘缠。"胡威听父亲这么一说，才伸手接过细绢，告辞了父亲。

胡威独自赶着毛驴踏上了归途。一路上，他每到客栈，都是自己放驴、劈柴煮饭，从不雇用别人。三天后，一位自称去往京都的人，提出与胡威同行。此人谈笑风生，为人慷慨大方，自和胡威同行之后，百般殷勤地照料着胡威。他不仅处处帮着胡威筹划出主意，有时还请胡威吃喝。

就这样一连几天，胡威心中纳闷了。心想，此人看来心眼并不坏，但他与我素不相识，为什么对我一见如故，又如此百般殷勤呢？胡威对他的行为产生了怀疑。

原来，此人是胡威父亲胡质属下的一个都督，早就有意想巴结讨好胡质，但听说胡质为人正派清廉，最不喜欢溜须拍马的人，所以一直没找到合适的理由和时机。

这次，他听说胡质的儿子要独自回京都，认为是个献殷勤的好机会，于是他探听到胡威起程的日子，就以请假回家为理由，提前做好了准备，暗中带着衣食之物，在百里外的地方等着胡威，以便同他结伴而行。所以，他遇到胡威后，才有这一番表现。

胡威在多次与那人的谈心中，终于得知了真情。于是，胡威立即从自己的行李包中取出了父亲送给他的那匹细绢，递给这位都督，以此偿还他一路花销的费用和情意。这位都督拒绝不收。

胡威说："我父亲的为人，你应该是知道的。他执政廉洁，为人清白，从不接受别人馈赠。我做儿子的如果仗着他的权势占别人的便宜，就等于在这匹白绢上面泼上了污水，岂不大错特错了吗？"

那都督看到胡威态度如此坚决，心想，真是有其父，必有其子。只好十分尴尬地拿着那匹白绢和胡威道别了。

增广贤文

靠山吃山，种田吃田

靠山吃山，种田吃田。吃尽美味还是盐，穿尽绫罗①还是棉。一夫不耕，全家饿饭，一女不织，全家受寒。金银到手非容易，用时方②知来时难。

先讲断，后不乱，免得藕断丝不断。听人劝，得一半。不怕慢，只怕站。逢快莫赶，逢贱③莫懒。谋事在人，成事在天。

长路人挑担，短路人赚钱。宁卖现二，莫卖赊三。赚钱往前算，折本④往后算。小小生意赚大钱，七十二行⑤出状元。

注释

① 绫罗：用蚕丝织成之物，如绸、缎等。亦指丝质衣物。
② 方：才，刚刚。
③ 贱：价格低廉。
④ 折（shé）本：赔本，亏本。
⑤ 七十二行：各种行业的通称。

解读

临近山就依靠山来生活，有田地就靠种地来养活自己。尝过了珍馐百味，每道菜都必须有盐才好吃；穿过了各种衣料的服装，还是棉布的最舒服。在封建社会的小农经济中，男的要种田，女的需织布，全家分工劳动。赚钱并不是件容易的事，到用它的时候才更能体会钱来之不易。

把可能发生的情况都说清楚，之后遇到问题就不会慌乱。同时也可以避免不必要的纠缠。善于听取别人的劝告，你就已经有了一半的收获。不怕行动缓慢，就怕停滞不前。农民从长期实践中总结出生产经营的经验：当某种产品价格走俏时，不要去追赶浪头；货贱滞销时，不要嫌价低利微而弃之不管。总之，不论贵和贱，都要稳得住，不要踩着物价的起伏浪头去追波逐流。自己已经尽力而为，至于能否达到目的，那就要看时运如何了。我们在做事情的时候，一定要学会正确对待，正确处理过程与结果的关系。

一个人一直挑着担走在路上，说明他没卖出东西。而时不时放下担子，则说明他卖出了东西，赚到了钱。做生意时宁可卖现钱，也不要赊账。挣钱盈利了就要做长远打算，做生意亏损了就要回头看看到底是哪里出了问题。不管是多小的生意，会做的人都可以赚到大钱。无论你做什么，只要钻研进去了，不管是哪个行业，你都可以做其中的领头人。

故事链接

话说范蠡辅助越王勾践"卧薪尝胆"把国家建设得强盛起来，最终灭了吴国，报了会稽之耻，越国成了中原霸主，精明的范蠡全身而退，带着家人逃到了齐国。

为了不让越王勾践找到自己，范蠡改名叫鸱夷子皮，来到齐国的海边，这里山清水秀，人烟稀少，却有无边的荒地和取之不尽的海水。范蠡因地制宜，带着全家开荒种地，并引海水煮盐，苦心戮力，日出而作，日落而归，不几年光景，致产无数，成为当地一名巨富。当时的范蠡有多少钱财，无人知晓，只知道齐国国库的全部资产，也没有范蠡家的多。

富可敌国的范蠡，终于引起了齐国国君的注意，他来到范蠡居住的地方，亲眼见到了豪富的范蠡和他井井有条的事业，深深为范蠡的才能折服，恳请范蠡出山，帮他治理齐国。

人在屋檐下的范蠡，无法推脱，只好出任齐国的相国，短短几年，把个贫穷落后的齐国治理成中原地区强大的霸主。

深谙帝王之道的范蠡，适时而退，挂印封金，散去几乎所有的家产，悄悄地举家迁居，离开了强盛的齐国。

一天，他们来到了宋国的陶邑（今山东定陶），看到这里位置适中，交通发达，客商云集，店铺鳞次栉比，十分繁华。

这正是理想的好地方，他们就先定居下来，范蠡又改名"陶朱公"。这次，他又一次因地制宜，除了耕作养殖之外，以主要精力从事商业活动，他特别重视物资信息，市场动态，采取薄利多销的原则，一般不超过十分之一利润。

只要范蠡看准了的项目，经营起来都得心应手。

财源滚滚，生意越做越好，只有几年的功夫，范蠡又一次创造出了奇迹，靠商业经营积累了亿万家财，几乎成了富甲天下的大富翁，19年之中，他三致千金，发了大财。这下陶朱公真是名扬天下。

生意人家一听说陶朱公的大名无不敬佩称赞，就这样，范蠡成为中国的文财神，成了商人们的楷模。

自己无运至,却怨世界难

自己无运❶至,却怨世界难。胆大不如胆小,心宽甚如屋宽。妻贤何愁家不富,子孙何须受❷祖田。

是儿不死,是财不散。财来生我易,我去生财难。十月滩头坐,一日下九滩。结交一人难上难,得罪一人一时间❸。

借债经商,卖田还债;赊钱起屋,卖屋还钱。修起庙❹来鬼都老,拾得秤来姜卖完。不嫖莫转,不赌莫看。

注释

❶ 运:气数,运气。 ❷ 受:接受,承受。
❸ 一时间:短时间之内。
❹ 庙:指宗庙,供奉和祭祀祖先的处所。

解读

自己做事没有尽全力,总是没有好运气,却抱怨在这个世界活着太难。大胆的容易肆意妄为,胆小的人做事谨慎,思虑较多。拥有宽广的胸怀,不与他人计较,保持愉快的心情,这比住进宽敞的屋子更好。妻子贤惠可以兴家,帮你获得事业成功,子孙还有什么必要去受用祖宗留下的产业?

是你的儿子,就不会过早夭折;是你的钱财,散了还会回来。财运来

增广贤文

了赚钱就比较容易，而当我们去找生财的门路时就比较艰难些。在滩头坐上好久，想着如何渡过的方法，但当付诸行动时，并没有想象的那么难，一天便可渡过九个滩。结交一个可以交心的朋友是比较困难的，但得罪一个人却只在一念之间。

借钱经商的话，如果没有赚到钱，就要卖田还债；如果赊钱盖房子，房子盖好了，还是没钱，是不是要卖屋还钱呢？做生意是有风险的，关键是要提前想好退路，不要到了一无所有的地步。等你把庙修好了鬼都已经变老了，等你把秤捡起来，人家的姜都卖完了。说明做事情动作太慢，下手太晚，而耽误了得利的最佳时机。假如不去花天酒地，就不要到妓院乱转。假如不去赌博，就不要看人家的赌局。有些人会经不住诱惑，容易做出让自己后悔的事情来。

故事链接

河南郡乐羊子的妻子诚实善良、知书达理。虽然家境贫寒，但是她善于自律，同时，她也希望自己的丈夫做个谦谦君子，更希望他能够有所建树。

乐羊子在路上行走时，曾经捡到一块别人丢失的金饼，他高高兴兴地拿回家，把金子给了妻子。

妻子说："我听说有志气的人不喝'盗泉'的水，廉洁方正的人不接受他人傲慢侮辱地施舍的食物，何况是捡拾别人的失物、谋求私利来玷污自己的品德呢！"

乐羊子听后十分惭愧，就把金子扔弃到野外，然后远远地出外拜师求学去了。一年后乐羊子回到家中，妻子跪起身问他回来的缘故。

乐羊子说："出行在外久了，心中想念家人，没有别的特殊的事情。"

妻子听后，就拿起刀来快步走到织机前说道："这些丝织品都是从蚕

茧中生出，又在织机上织成。一根丝一根丝地积累起来，才达到一寸长，一寸一寸地积累，才能成丈成匹。现在如果割断这些正在织着的丝织品，那就会丢弃成功的机会，迟延荒废时光。您要积累学问，就应当每天都学到自己不懂的东西，用来成就自己的美德；如果中途就回来了，那同切断这丝织品又有什么不同呢？"

乐羊子听了妻子的话，心中非常羞愧，当天在家匆匆吃了一点饭，就又回去继续自己的学业。

增广贤文

节食以去病，少食以延年

节食以去病，少食以延年。豆腐多了是包水[1]，梢公多了打烂船。无口过是，无眼过难。无身过易，无心过难。

不会凫[2]水怨河湾[3]，不会犁田怨枷担[4]。他马莫骑，他弓莫挽[5]。要知心腹事，但听口中言。宁在人前全不会，莫在人前会不全。

事非亲见，切莫乱谈。打人莫打脸，骂人莫骂短。好言一句三冬[6]暖，话不投机六月寒。

人上十口难盘，帐上万元难还。放债如施，收债如讨。告状讨钱，海底摸盐。衙门深似海，弊病大如天。

注释

[1] 包水：一锅豆浆出豆腐，出得多了其实就是一包水（指豆腐含水量太大）。
[2] 凫（fú）：浮游，泅水。[3] 河湾：指河流迂曲处。
[4] 枷担（jiā dān）：耕田时架在牛脖子上拉犁的农具。
[5] 挽：拉，牵引。[6] 三冬：冬季三月，即冬季。

解读

故意不吃某一种食物，是为了自己的病情可以得到好转；吃饭只吃半饱，可以延年益寿。豆腐做得过大、过多，里面水的含量就大。船夫太多则可能会把船打坏。有些事物超过一定限度，便会得到相反的结果。要想避免言语的过失不难，可以少说或者不说。但观察事物则不然，你无法闭上眼睛，而外界事物存在各种假象，令人眼花缭乱，要想观察清楚却非常难。要避免行动的过失也不难，做不好的可以不做，过失就可以避免了。但思想是无法抑制的，稍不注意，可能会做出错误的判断。

不会游泳却埋怨河流太过曲折，不会耕田却说农具不好用。本来是问题出在自己身上，却总把原因归咎于他人。他人的马不要骑，他人的弓没经过同意你不要去拉。想要知道对方心里的想法，就要多与他交流。宁可在他人前面表现得什么都不会，也不要不会装会。

不是自己亲眼看到的事情，切记不可随便乱讲。打人不要打他的脸，生气争吵的时候不要揭穿他人的短处。这样会伤害到对方的自尊心。一句同情理解的话，能给他人带来很大的安慰，即使处于寒冷的冬季也心中也会感到温暖。但一句不合时宜的话，就如一把利剑，刺伤他人的内心，即使在炎热的夏季，也能感到阵阵严寒。

人数在十口以上，管理起来就有些困难。若帐上有超过万元的欠款，想要还上肯定也是有些难度的。放债的时候就像施舍一样容易，要账的时候却像讨饭一样难。通过司法程序进行讨债的话，就像在海底摸盐一样艰难。凡是进入衙门的人，都很难再出来，官不亲民，民不见官的弊病是相当大的。

故事链接

在古代有位弟子跟着师父出去化缘。来到一个繁华的集市，弟子说："师父，今天我们肯定能化到不少东西。"师父不语。弟子刚说完，有人狠狠地从店内扔出一个瓦罐，碎了一地。

师父驻足，弯腰捡拾瓦罐碎片。弟子不解问道："多管闲事干什么？

反正我们不经常到这里来，瓦片又扎不到我们，还是赶紧去化缘吧。"

师父指着不远处向他们走来的一个人说："看见了吧，他拄着拐杖，走在盲道上，肯定眼睛不好，万一被瓦片扎到怎么办？这大街上人来人往，碎片很容易扎破车轮，还有许多人穿的鞋比较单薄，不小心踩在上面会伤着脚。"

弟子为师父的善举油然起敬。他们将瓦罐碎片全部捡起来，然后开始化缘。在一家店铺门口化缘时，店老板一脸的不屑，不怀好意地骂他们："像你们这样穿个和尚服，骗人钱财的我遇到太多了，你以为我不知道你们行骗的行径？还没开张就来要钱，晦气，真晦气。滚开，滚开，赶紧消失，不要影响我的生意。"

面对无理的指责谩骂，弟子准备和店铺老板理论，师父拉住了他，说："施主，息怒。对不起，打扰了。祝你生意兴隆，广结善缘。"

他们刚准备离开，附近的一个店主人走过来对那个无理的人说："他们肯定不是骗人的，因为我刚才看见他们扶着盲人过街，而且还把地上的瓦罐碎片捡起来。如此心存善念的人怎么会骗人呢？"说完，他主动给师徒两人送上一份心意，并热情地祝他们一路平安。

师徒两人微笑着鞠躬，表示谢意。弟子说："师父，世上还是有好人相信我们。"师父说："记住，我们所说出的话，付出的善举就是自己所修的路。心存无边善念，路不会断头。手付举手之劳，缘不会尽头。总会有人扶你一把。"

银钱莫欺骗，牛马不好变

　　银钱莫欺骗，牛马不好变。好汉①莫被人识破，看破不值半文②钱。狗咬对头③人，雷打三世冤。不卖香烧无剩钱，井水不打不满边。

　　事宽则园④，太久则偏。高人⑤求低易，低人求高难。有钱就是男子汉，无钱就是汉子难。人上一百，手艺齐全。

　　难者不会，会者不难。生就木头造就船，砍的没得车的圆。心不得满⑥，事不得全。鸟飞不尽，话说不完。

注释

① 好汉：勇敢坚强或有胆识有作为的男子
② 文：古称铜钱一枚为一文。
③ 对头：指敌对的方面，企图使某人或某事受到损害、被推翻或遭到失败的人。④ 园：通"圆"，完备，周全。
⑤ 高人：指学术、技能、地位高的人。⑥ 满：充实，充足。

解读

　　不要拿假的银钱来骗人，假的就是假的，真的就是真的，就像牛和马一样是改变不了的。那些假装有胆有识的人很多，一旦让人看透其本质，好汉的名声就被毁了。狗只忠诚于它的主人，对那些做尽坏事的人，连老天都不会容他。不劳作不做生意就不会有剩余的钱，不去井边打水，水桶

增广贤文

自然就不会满。

遇到事情要从容对待，最终就可能圆满解决。若事情拖得时间过久，说明对某一方面会有偏袒。地位较高的人想要保持低调是很容易的，但若一个人想出人头地就没那么容易了。男人有钱了做什么事都容易，要是没有钱，做事就较吃力。每个人都掌握着不同的手艺，一个大集体有很多人，便拥有十八般武艺。

做任何事情，都要讲求方法。如果你知道做某一件事情的最佳方法，那么，你会觉得很好做。如果你掌握不了做事的方法，那么，这件事对你来说就很难做。木头若是不经过加工就成不了船，用斧砍圆的木头不会比车削的圆。说明需要经过磨炼，才能有所成就。心中不要总不知足，事情也不可能都尽善尽美。鸟不可能全飞走，话也不可能说完。有些事情不必刻意计较。

故事链接

王羲之（321—379年），字逸少，晋代琅琊临沂人，中国古代著名的书法家。王羲之从小练字，7岁的时候，已经写得很不错了。继续练了四五年，总感到进步不大。

有一天，他在父亲的枕头里发现一本名叫《笔谈》的书，里面讲的都是有关写字的方法，他高兴得如获至宝，偷偷地阅读起来。正当读得起劲的时候，父亲来了，问道："为什么偷我枕中秘书？"

羲之笑而不答。母亲想给他打圆场，从旁插了一句："你是在揣摩用笔的方法吗？"父亲认为他年纪太小，未必能够读懂，就把书收了回去，对他说："等你长大了再教你读。"王羲之不高兴地说："如果等我长大了才讲究笔法，那我这几年的时光不就白白浪费了吗？还是让我现在就学吧，免得不懂方法瞎摸索。"父亲听他说得有理，就把书给了他。于是，王羲之按照书中所讲方法天天苦练起来，不久，他的书法有了显著进步。

但是，王羲之并不满足于已有的进步。有一次，他看见东汉书法家张芝的书迹，真是爱不释手，自叹不如。张芝的草书写得好，人们称他为"草圣"。王羲之不仅爱慕他的字，更钦佩他"临池学书，池水尽黑"的苦练书法的顽强精神。

从此，王羲之每天挥笔疾书，写完字后就到家门口的水池去涮笔。久而久之，池水都染黑了，人们把这个水池称作"墨池"。王羲之勤学苦练书法，他草书学张芝，正书学钟繇，并且博采众长，推陈出新，终于形成了自己书法的独特风格，创造了一种漂亮流利的今体书法，后来人们称他为"书圣"。

增广贤文

人无喜色休开店，事不遂心莫怨天

人无喜色休开店，事不遂心莫怨天。选婿莫选田园，选女莫选嫁奁。红颜②女子多薄命，福人出在丑人边。

人将礼义为先，树将花果为园。临危许行善，过后心又变。天意违可以人回，命早定可以心挽。

强盗口内出赦书③，君子口中无戏言。贵人④语少，贫子话多。快里须斟酌⑤，耽误莫迟春。读过古华佗，不如见症多。

注释

① 嫁奁（lián）：陪嫁的财物。② 红颜：特指年轻的女子。
③ 赦书（shè）：赦，免除和减轻刑罚。指颁布赦令的文告。
④ 贵人：指地位显贵的人。⑤ 斟酌：反复考虑以后决定取舍。

解读

一个人若总是一脸愁容那就不要开店迎客了，遇到不顺心的事不要总怨天尤人。给女儿找人家不要只看对方的家产，给儿子找妻子也不要只看对方的嫁妆。财产能够挥霍完，而人好与不好才是幸福与否的关键。容貌美丽的女子大多遭遇不好。生活舒适、幸福的人，却不见得有多么漂亮。其实幸福与否与容貌没有多大关系，心灵美才是真的美。

人应该把礼义的修养放在最先才能长成人，就好像树只有开花结果才能成为果园。在危机时刻得到帮助而许下的做好事的诺言,过后一定要兑现。天意难违的事情,可以通过人力来挽回。命中注定的事情,可以通过人心来挽回。命运掌握在自己手中,只要自己努力,就可以成功!

坏人的话不可信,品德高尚的人口中不会有玩笑话。地位尊贵的人,说话的时候要经过反复思考,不轻易表态,力求准确无误。而普通人却心直口快,口无遮拦。需要急于做出决定的事,也需要反复、全面地考虑问题。若真的延误了最佳时机,那就必须在有可能出现转机的时间之内将事情处理好,否则就真的没有机会了。读了古代名医华佗的许多事迹,不如自己多去实践。

故事链接

西周初年,周武王姬发驾崩后,太子姬诵年幼,在周公姬旦的扶助下做了国君,史称周成王。有一天,姬诵和弟弟叔虞一起在宫中玩耍。姬诵随手捡起了一片落在地上的桐叶,把它剪成玉圭形,送给了叔虞,并且对他说:"这个玉圭是我送给你的,我要封你到唐国去做诸侯。"史官们听后,把这件事件告诉了周公。周公见到姬诵,问道:"你要分封叔虞吗?"姬诵说:"怎么会呢?那是我跟弟弟说着玩的。"周公却认真地说:"天子无戏言啊!"

后来,姬诵只得选择吉日,把叔虞正式封为唐国的诸侯,史称唐叔虞。不过,叔虞长大后,励精图治,以自己的智慧才能,带领百姓兴修水利,改良农田,大力发展农业,使唐国百姓逐渐过上了安居乐业的生活,成为国人爱戴的君主。

增广贤文

东屋未补西屋破，前帐未还后又拖

东屋未补西屋破，前帐①未还后又拖。今年又说明年富，待到明年差不多。志不同己，不必强合。莫道坐中安乐少，须知世上苦情②多。

本少利微强如坐，屋檐水也滴得多。勤俭持家富，谦恭受益多。细处不断粗处断，黄梅③不落青梅④落。见钱起意便是贼，顺手牵羊⑤乃为盗。

要做快活人，切莫寻烦恼。要做长寿人，莫做短命事。要做有后人，莫做无后事。

不经一事，不长一智。宁可无钱使，不可无行止。栽树要栽松柏，结交要结君子。秀才⑥不出门，能知天下事。

注释

① 帐：通"账"，指债务，欠别人的东西。
② 苦情：悲惨痛苦的遭遇或情况。③ 黄梅：指熟了的梅子。
④ 青梅：指尚未成熟的梅子。⑤ 顺手牵羊：顺手把人家的羊牵走。比喻乘机拿走别人的东西。
⑥ 秀才：汉以后荐举人员科目之一，后成为对一般读书人的通称。

解读

东屋破损还未来得及补，西屋又漏了。之前欠的账还没有还上，紧接着又欠债了。当下不努力工作，把希望寄托到以后，这样虚度光阴，做事拖沓的人，最终也不会有什么大发展。志趣不同的人，不要勉强在一起探讨人生。不要抱怨位居中间会两头受气，要知道世上正在经历苦难，境况辛酸的人还有很多。

小本生意获利很小也要坚持做下去，就像屋檐滴下的水，一定会积少成多的。以勤劳节约的精神操持家务，家庭会慢慢富裕起来。对人保持谦虚恭谨的态度，就会得到他人的尊重。有些灾祸的发生，事先无法预料，就像有时绳子的细处没断反而粗处断掉，成熟的梅子没落，青梅反而落了一样。看见钱，便有了想要占为己有的想法，那你就已经是一个贼了。趁他人不注意，把人家的东西拿走，那你就是强盗。

要学会做一个快乐生活的人，千万不要自寻烦恼。要学会养生之道，使自己活得更长寿，千万不要做自寻死路的傻事。不论做什么事情，都要给自己留条后路，千万不要把自己逼上绝路。

受到一次挫折，便得到一次教训，增长一分才智。哪怕身无分文去要饭，也不可忘记了什么该做，什么不该做。种树要种松柏这样常青的树，交友要交品行端正的人。读书人即使不出家门，还是能知道天下所发生的事情。人只有不断地充实自己，才能知晓天下万物变化发展的规律。

故事链接

萧何在任县吏时期，清正廉明，从不搜刮民脂民膏，当地的百姓都很拥戴他。萧何追随刘邦起兵反秦，兵入咸阳以后，众将纷纷争夺金银财物，萧何却分文未动，在城里到处收集秦朝廷的律令图籍，从而使刘邦对天下各处关隘险要、户口多少、风俗民情等了如指掌。

刘邦做了皇帝，萧何被任命为丞相，他也是西汉的第一位丞相，与张良、韩信并称为汉初三杰。他亲手规划和组织了都城长安的营建工程，并提倡节俭使用，不得浪费各种建筑材料。

他还参与了汉初"与民休息"政策的制定,减轻劳动人民的负担。萧何做了14年的丞相,在这14年里,萧何一直过着十分俭朴的生活,从不穿戴华贵的服饰,更很少食山珍海味。有一次,萧何的夫人看见他的朝服都已经旧了而且还补过了,就吩咐换了一件新的。

萧何发现后,很不高兴,立刻又换了回来。并指责他的夫人说:"做丞相就不可以穿旧衣服了吗?"

后来,萧何还做了个规定,就是没有他的命令,不允许随便更换他的衣服和用具。在封建社会,当了官,衣、食、住、行都与老百姓不一样。按当时的规定,丞相的住宅,应该是高门大院、富丽堂皇才可相称。

可是,萧何给自己建造的房舍,与老百姓的住宅没有什么两样,既不是高门大宅,更没有雕镂文饰,他说:"丞相也要'与民休息',不能有什么特殊的地方。"

萧何虽然身居相位,但家无余财,唯有"桑几百株,薄田十几顷",而且他在置买田产时,从来不抢肥田沃土。他说:"我希望我的子孙不要堕于奢侈。"

钱多不经用，儿多不耐死

钱多不经用，儿多不耐死。弟兄争财家不穷不止，妻妾争风夫不死不止。男人有志，妇人有势。夫人死百将临门，将军死一卒不至。

天旱误甲子①，人穷误口齿。百岁②无多日，光阴能几时？父母养其身，自己立其志。

待有余③而济④人，终无济人之日；待有闲而读书，终无读书之时。

此书传后世，句句必精读，其中礼和义，奉劝告世人。勤奋读，苦发奋，走遍天涯如游刃⑤。

注释

❶甲子：用干支纪年或计算岁数时，六十组干支轮转一周叫一个甲子。❷百岁：死的讳称。
❸有余：有剩余，超过足够的程度。❹济：救助，帮助。
❺游刃：运刀自如。比喻做事从容自如，轻松利落。

解读

即使钱再多，也禁不起肆意挥霍，人生无常，我们应懂得珍惜。兄弟之间争夺家产，这个家族会越来越穷，妻妾之间争风吃醋，整个家会鸡犬不宁。男人要有志气，女人要有气质。有权人的妻子去世了，不管大官小官都前来吊唁。有权人自己离开人世，却没有一个人来。足以窥见这个世

增广贤文

态炎凉的社会。

天气大旱会耽误收成，人若太穷，那么你讲的话也会没有分量。时光匆匆，转眼人就老去。父母给了我们生命，自己则要树立远大的理想。

非要等到你有余粮才去接济别人，你会发现总没有能接济别人的时候。等到有了闲暇时间才可以读书，最终就是永远没有读书的时间了。时不我待，我们应把握当下。

这本书留传于后世，每一句都需要用心去读，其中所讲的大都是做人处事的道理和意义。读精此书，你在生活中遇到各种事情都会显得游刃有余。

故事链接

江泌，字士清，南北朝时洛阳考城人。曾任南中郎行参军及国子助教。他在任期间为官清正廉洁，家里从来不使用奴婢僮仆，家中的活计都是他与他的兄弟们亲自动手去做。

江泌自幼聪明好学，家中生活十分贫苦，他天天要帮家里削木头做木鞋来维持生活。但是，艰难的生活没有磨灭他的学习意志。他胸怀宽广，志向远大，立志攻读经史。

家里穷供不起他去学堂里读书，他就立志自学。他把鞋摊摆在一个学堂附近，能够听得见学堂里面先生讲课的声音。他每天一边削木鞋底，一边听先生讲课。江泌白天忙着做活，晚上读书，往往要读到深夜。即使有时白天做活非常劳累，晚上十分疲劳，也从不间断学习。

晚上读书学习，需要灯油，而他一读就读到深夜，灯油用得更多了。他家穷得连做菜都没有油，哪来油点灯读书呀。时间长了，江泌妈妈怕他读书耗油太多，天一黑，早早就把灯吹灭，并把灯藏起来。没有灯光，夜里怎么读书？江泌只好静静地背诵或默记学过的知识。

一个中秋节的夜晚，江泌陪着父母在院子里赏月，看见明亮似镜的月亮，放射出皎洁的月光，他灵机一动，心想，在月光下读书不是也行吗？于是，他就着月光看起书来，就这样，他天天就着月光读了不少书，再也不愁点灯费油，夜晚无法读书了。

一次，江泌读书着了迷，读着读着，月光斜移，原来透过窗户照进屋子里来的月光一点也没有了。他抬头一看，原来月亮已经悄悄爬到屋子那边去了，屋子挡住了月光，所以字看不清了。江泌就拿着书本跑到院子里来看书。过一会又看不清了，他干脆就登着梯子爬到屋顶上映着月光读书。

江泌看着看着，到了后半夜。因为白天太累了，晚上看书时间长，他疲倦地趴在屋顶上打起盹来，结果从屋顶上滚了下来摔在地上，这时他的手里还紧紧地握着书。幸亏家里是茅草房，屋檐不高，没有摔坏，只是脸上、膝盖擦破了皮。江泌真有点犟劲，他从地上爬起，又爬上屋顶读起来。

名言妙语

1. 磨刀恨不利,刀利伤人指。求财恨不多,财多害自己。
2. 差之毫厘,失之千里。
3. 若登高必自卑,若涉远必自迩。
4. 三思而行,再思可矣。
5. 使口不如自走,求人不如求己。
6. 墙有缝,壁有耳。好事不出门,恶事传千里。
7. 贼是小人,智为君子。
8. 宁向直中取,不可曲中求。
9. 人无远虑,必有近忧。
10. 知我者谓我心忧,不知我者谓我何求。
11. 晴天不肯去,直待雨淋头。
12. 忍得一时之气,免得百日之忧。
13. 惧法朝朝乐,欺公日日忧。
14. 人生一世,草木一秋。
15. 儿孙自有儿孙福,莫为儿孙作马牛。
16. 钱财如粪土,仁义值千金。
17. 流水下滩非有意,白云出岫本无心。当时若不登高望,谁信东流海洋深。
18. 路遥知马力,日久见人心。
19. 饶人不是痴汉,痴汉不会饶人。

20. 是亲不是亲，非亲却是亲。美不美，家乡水；亲不亲，故乡人。

21. 在家不会迎宾客，出外方知少主人。

22. 谁人背后无人说，那个人前不说人。

23. 长江后浪推前浪，世上新人赶旧人。

24. 先到为君，后到为臣。莫道君行早，更有早行人。

25. 自恨枝无叶，莫怨太阳偏。

26. 一年之计在于春，一日之计在于晨。一家之计在于和，一生之计在于勤。

27. 责人之心责己，恕己之心恕人。

28. 宁可人负我，切莫我负人。

29. 来说是非者，便是是非人。

30. 远水难救近火，远亲不如近邻。

31. 山中也有千年树，世上难逢百岁人。

32. 平生莫作皱眉事，世上应无切齿人。

33. 昔时贤文，诲汝谆谆。集韵增广，多见多闻。

34. 观今宜鉴古，无古不成今。

35. 知己知彼，将心比心。

36. 相逢好似初相识，到老终无怨恨心。

37. 近水知鱼性，近山识鸟音。

38. 近水楼台先得月，向阳花木早逢春。

39. 易涨易退山溪水，易反易覆小人心。

40. 读书须用意，一字值千金。

41. 有意栽花花不发，无心插柳柳成荫。

42. 水太清则无鱼，人太急则无智。

读后感

我读了《增广贤文》后，觉得这本书就像我的良师益友，谆谆教悔，循循善诱。特别是其中许多语句，简直如丝丝春雨，滋润着我的心田，让我的心灵得到了一次洗礼。我好像一下子长大了，变得成熟了起来。

"羊有跪乳之恩，鸦有反哺之恩""千经万典，孝悌为先"，这让我懂得了要孝顺自己的父母亲。爸爸妈妈对我的关心是无微不至的，为了让我健康幸福地成长，他们舍不得吃、舍不得穿，省吃俭用也要供我读书上学。我觉得要为爸爸妈妈做些力所能及的事，如洗衣、做饭等家务事；要懂得感恩，记住他们的生日；要好好学习，报答他们的养育之恩。

"枯木逢春犹再发，人无两度再少年""少壮不努力，老大徒伤悲"，这使我明白了时间是多么宝贵，它会一去不复返。枯木到了春天还能再次发芽，但是人却不会有两次少年时期，如果我们现在不好好学习，到老什么也没学成，后悔也来不及了。所以，我们从小就要珍惜时间，努力学习，做时间的主人。

"责人之心责己，恕己之心恕人""宁可人负我，切莫我负人""再三须重事，第一莫欺心"，这些警句告诉我做人处事的原则：应当拿责备别人的心自责，拿宽恕自己的心宽恕别人；宁愿让别人辜负我，绝不让自己辜负别人；做事要再三考虑谨慎对待，首先不要欺骗自己的良心。

"相逢好似初相识，到老终无怨恨心"，说的是如果人们能够保持相识时的那份真诚，那么一辈子相交就不会有遗憾了；"人生似鸟同林宿，大限来时各自飞"，则表现了为着利益关系的朋友的凄凉结局，是在教导我们去交知心朋友；"用心计较般般错，退步思量事事难"，则是在教我们简单做人，让一切顺其自然；"莫笑他人老，终须还到老"，则教我们坦然面对人生，冷眼观事，淡定自如。

对我最有影响的要数作品中关于惜时劝学部分的词句了，如"莺花犹怕春光老，岂可教人枉度春"，意思是说莺鸟、野花都害怕春天的失去，人岂可以枉费美好的时光呢！所以，我们应该把握好短暂的人生，尤其应该趁年轻的时候，多读好书，多向他人求教。

其中"学者如禾如稻，不学者如蒿如草"，则是在语重心长地劝勉我们学习，必定能够鼓励我们这些莘莘学子；"读书须用意，一字值千金"，则更体现出古代做学问的人对于知识的尊重。因此，用心学习的优秀品质对于我们当代学子依然具有警示劝勉的作用；特别是我对于"三更灯火五更鸡，正是男儿读书时"具有深刻的感受。

记得有一次，老师布置的家庭作业是背诵课文。回家后，先忙完了该写的作业，吃过晚饭后，我紧接着背课文。我使劲地背，翻来覆去地背，就是背不完整，背不顺畅。

妈妈看我那么费劲，笑着对我说："'三更灯火五更鸡，正是男儿读书时'，别背了，去睡吧！明天早上起来再背。"

第二天早晨，我起床后立刻拿出书开始背了起来，一会儿功夫就背顺畅了。看来，妈妈说的话大有道理呢！从此，每次看书、背书，我都安排在早晨，真的起到了很好效果呢！

《增广贤文》确实值得我们去细细品读，慢慢体会其中蕴含的道理，"昔时贤文，诲汝谆谆"，无论在学习还是生活中，它都是我们的良师益友。读书百遍，其义自见，相信一读再读，定会使我们有更多的收获。

知识互动大会

一、选择题

1. 《增广贤文》最早产生于哪个朝代？（D）
   A. 唐代　　　B. 北朝　　　C. 宋代　　　D. 明代
2. 《增广贤文》的原作者是？（A）
   A. 佚名　　　B. 朱熹　　　C. 李渔　　　D. 周希陶
3. 《增广贤文》中"增广"做何解释？（B）
   A. 叫做增广的人　　　　B. 增补、广泛搜集
   C. 叫做增广的地方　　　D. 历史典故
4. "但行好事"的下句是？（B）
   A. 孝悌为先　B. 莫问前程　C. 为恶难逃　D. 天道有常
5. "行人莫做亏心事"下句是？（A）
   A. 夜半敲门心不惊　　　B. 世上应无切齿人
   C. 兄弟和而家不分　　　D. 死去方敢对青天
6. "一毫之恶，劝人莫做"下句是？（A）
   A. 一毫之善，与人方便　　B. 一孔之见，相去甚远
   C. 一步走错，步步走错　　D. 一日为师，终身为父
7. "养子方知父母恩"的上句是？（B）
   A. 点点滴在旧窝池　　　B. 当家才知柴米贵
   C. 不是才人莫献诗　　　D. 人贫偏好济路人
8. "千经万典"的下句是？（B）

A. 为恶难逃　　　　　　B. 孝悌为先

C. 莫问前程　　　　　　D. 尽在胸中

9. "忍一句，息一怒"的下句是？（C）

    A. 走一步，看一步　　　B. 东一句，西一句

    C. 饶一招，退一步　　　D. 此一时，彼一时

10. "见恶如探汤"的上句是？（D）

    A. 见人三分礼　　　　　B. 见事当躲避

    C. 见财便起意　　　　　D. 见善如不及

11. "路不铲不平，事不为不成；人不劝不善"的下句是？（A）

    A. 钟不敲不鸣　　　　　B. 话不说不透

    C. 人不学不知　　　　　D. 艺不学不深

12. "有田不耕仓廪虚"下句是？（B）

    A. 仓廪虚兮岁月乏　　　B. 有书不读子孙愚

    C. 黄金散尽为读书　　　D. 有子不教终是过

13. "成事莫说，覆水难收"的意思是（B）

    A. 做成功了的事不要说，就像洒了的水很难收回来。

    B. 事情已经成为事实了，就像水已经洒了不能收回来一样，说了也没用。

    C. 成功了的事情不要说，让别人去说。

    D. 成功的事不会有变化，就像洒出去的水，很难收回来。

14. "许人一物，千金不移"的意思是（C）

    A. 给人家的东西要有价值。

    B. 即使别人出很多钱，也不要把自己的东西给别人。

    C. 答应了的事情，一定要办到。

    D. 许给人的东西，达不到要求就不给。

二、问答题

1. "观今宜鉴古"的下句是?

    答:无古不成今。

2. "路遥知马力,日久见人心"中"遥"的意思是?

    答:遥远。

3. "莺花犹怕春光老,岂可教人枉度春?"中"春"的意思是?

    答:时光。

4. "庭前生瑞草,好事不如无"中"好"字的读音是?

    答:hǎo。

5. "人心似铁,官法如炉"中"官法"是意思是?

    答:国家法律。

6. "信了赌,卖了屋。"的意思是?

    答:相信了赌博,卖掉了房屋。

7. "爽口食多偏作病,快心事过恐遭殃"中头一句的意思是指?

    答:暴饮暴食容易生病。

8. "见人富贵生欢喜,莫把心头似火烧"中下句是意思是?

    答:要心态平和,避免仇富。

9. "惜钱莫教子,护短莫从师"中下句的意思是?

    答:不能阻拦老师的批评、调教。

10. "毋私小惠而伤大体,毋借公论而快私情。"解读这句话的意思。

    答:不可因个人私利搞小恩小惠而伤害整体利益,更不可以借助社会大众的舆论,来满足自己的私人愿望,发泄个人不满。这句贤文告诉我们要识大体、顾大局,不能因小害大,因私害公。